Em busca de meus
irmãos na América

hors-série

edição brasileira© Ayllon 2022
organização© Lilian Starobinas
tradução do iídiche© Léa Baran
posfácio© Roney Cytrynowicz

edição Suzana Salama
assistência editorial Paulo Henrique Pompermaier
capa Lucas Kroëff

ISBN 978-65-89705-29-1

Grafia atualizada segundo o Acordo Ortográfico da Língua Portuguesa de 1990, em vigor no Brasil desde 2009.

Direitos reservados em língua portuguesa somente para o Brasil

AYLLON EDITORA
R. Fradique Coutinho, 1139
05416-011 São Paulo SP Brasil
Telefone +55 11 3097 8304
ayllon@hedra.com.br

Foi feito o depósito legal.

Em busca de meus irmãos na América

Chaim Novodvorsky

Lilian Starobinas (*organização*)
Léa Baran (*tradução*)

1ª edição

São Paulo   2022

Chaim Novodvorsky (Knishin, Polônia, 1902–São Paulo, 1983) deixou sua família em um pequeno vilarejo polonês aos 19 anos com o objetivo de imigrar para os Estados Unidos: parte dos irmãos já estava na América e ele fugia do serviço militar, um dos mais frequentes motivos de emigração da Europa Oriental e do Império Russo desde o século XIX. Diante da recusa de visto, lançou-se de toda forma rumo ao outro lado do mundo e trabalhou nas mais diversas profissões — como padeiro, mascate, leitor de realejo, comerciante, lojista, importador, fabricante. Além disso, construiu uma história de vida que perpassa temas importantes da história judaica e sul-americana, como a passagem por Moisés Ville, colônia agrícola fundada pela Jewish Colonization Association na Argentina; a atuação no teatro iídiche; a participação ativa nas instituições comunitárias; e a doação de aviões à recém-criada Força Aérea Brasileira durante a Segunda Guerra Mundial.

Em busca de meus irmãos na América é um relato pessoal, singular e ao mesmo tempo emblemático dos percursos da imigração judaica, construído a partir de um longo trajeto em função do aspirado deslocamento do autor para os Estados Unidos. Através das aventuras de Novodvorsky, que foi primeiro à Argentina, depois ao Uruguai e, finalmente, ao Brasil, é apresentado um retrato dos caminhos que percorriam os imigrantes entre os anos 1920 e 1960. Suas memórias também revelam fatores estruturais que caracterizaram o estabelecimento dos judeus no Brasil, como as barreiras impostas à imigração em países como Estados Unidos e Canadá durante a década de 1920, que fizeram do país um horizonte possível e desejável.

Lilian Starobinas (São Paulo, 1965) é neta de Chaim Novodvorsky. Historiadora e doutora em educação pela USP, é professora de história na Escola Vera Cruz, onde leciona também no curso de pedagogia. Junto a vários autores, publicou *Vanguarda pedagógica: o legado do Ginásio Israelita Brasileiro Scholem Aleichem*, além de diversos artigos sobre a presença judaica no Brasil e teatro ídiche. É membro da coordenação dos coletivos Círculo de Reflexão sobre Judaísmo Contemporâneo e Trupe Ídiche, ambos na Casa do Povo.

Léa Baran (Rechitsa, Bielorrussia, 1927–São Paulo, 2016) foi professora, além de tradutora do iídiche e do russo.

Roney Cytrynowicz é historiador, doutor em história pela USP, diretor da Narrativa Um e autor, entre outros, de *Guerra sem guerra: a mobilização e o cotidiano em São Paulo durante a Segunda Guerra Mundial* (2000) e *Memória da barbárie: a história do genocídio dos judeus* (1990), ambos publicados pela Edusp. Foi diretor de acervo do Arquivo Histórico Judaico Brasileiro.

Sumário

Apresentação, *por Lilian Starobinas* 9

EM BUSCA DE MEUS IRMÃOS NA AMÉRICA. . . .17

A partida da Polônia 19

Os primeiros anos na Argentina 22

Da capital ao interior 27

De charrete em Moisés Ville 31

Do trabalho aos palcos 33

Primeira parada rumo ao Norte 40

Rio de Janeiro e seus caminhos 43

Tirando a sorte 48

Um passo atrás 55

O casamento em Recife 59

Ganhando a vida nos anos 1930 66

Um ativista comunitário 73

Com meus irmãos, na América 82

Uma vida no Brasil 89

O cinema no Bom Retiro 93

Negócios em família........................100
Tempos de crise 104
De cabeça erguida 108
Posfácio, *por Roney Cytrynowicz*.............111

Apresentação
Um road movie *em forma de narrativa*

LILIAN STAROBINAS

Das páginas manuscritas em iídiche, agora amareladas pelo tempo, numa caligrafia miúda e regular, provém essas histórias que compõem a autobiografia de meu avô. Foram registradas por ele no ano de 1964, num caderno que se tornou um tesouro familiar. Seu Jaime, como o chamávamos, viveu ainda mais duas décadas, mas nunca se preocupou em escrever suas memórias em português. Contá-las oralmente sim, ele que era um grande contador de histórias, bom de papo, comunicativo. Assim, muitas das passagens que publicamos agora, traduzidas, fazem parte do repertório que escutávamos o vovô contar, e que foram construindo nossa memória sobre as origens da família.

SOBRE A TRADUÇÃO

Foi a filha mais nova, Cecília, minha mãe, quem tomou para si o desafio de publicar o livro, e assim trazer a público as narrativas sobre a trajetória de imigração e estabelecimento no Brasil de seu pai. Mais que uma homenagem, ela teve consciência da singularidade desse material e da contribuição que ele traz para a história dos processos de imigração.

Ao longo dos anos, ela empenhou-se para conseguir quem traduzisse. Inicialmente, investiu num processo artesanal, com a ajuda da sogra, minha avó Rosa Starobinas, que lia em voz alta o texto e traduzia os trechos na sequência, enquanto minha mãe registrava sua versão no gravador com fita cassete. Sem sucesso em fazer a tradução por completo, decidiu procurar quem fizesse profissionalmente, e assim chegou em Léa Baran. Entre a tradução e a publicação passaram-se ainda alguns anos. Finalmente conseguimos compartilhar com mais leitores essas saborosas histórias de Chaim Novodvorsky.

O CONTEXTO HISTÓRICO

A Polônia é seu lugar de origem. Viviam ali, estima-se, mais de 3 milhões de judeus antes da Segunda Guerra Mundial. A comunidade judaica de Knishin, o *shtetl*[1] onde nasceu o autor deste livro, contava com cerca de 3.500 membros em 1900, e 1.235 em 1921. Perto dali ficava Bialistok, uma comunidade muito maior, que passava dos 40 mil habitantes judeus na década de 1920.

A intensificação do processo de emigração se deu a partir das primeiras décadas do século xx, diante das duras condições econômicas, dos riscos físicos representados pelos *pogroms*,[2] das destruições e horrores frutos da Primeira Guerra Mundial, das incertezas provocadas pela eclosão da Revolução Russa e das instabilidades políticas por toda a Europa. Tornou-se frequente, dentre os judeus da Europa Oriental, o desejo de estabelecerem-se nos Estados Unidos, país visto como terra das oportunidades e da liberdade de religião, dando origem à expressão *fazer a América*. Paralelamente estruturava-se o movimento sionista, que estimulava a imigração para a Palestina. O desejo de construir um lar nacional judaico passou a ser defendido como necessário para a uma existência autônoma e livre das perseguições vivenciadas por judeus em diferentes países da Europa ao longo da história.

---

1. Do iídiche, "cidadezinha". O termo se aplica a povoações ou bairros de cidades com população predominantemente judaica.
2. Termo usado para descrever um ataque violento massivo, com destruição de casas, negócios, centros religiosos. Atribuído à perseguição deliberada de um grupo étnico ou religioso, aprovado ou tolerado pelas autoridades locais.

Entre 1880 e 1914, partiram cerca de dois milhões de judeus asquenazitas, provenientes da Europa Oriental, de regiões que formavam o Pale (zonas de residências permitidas ao judeus). Trata-se de uma área situada em terras pertencentes ao Império Russo, ao Império Austro-Húngaro, à Prússia e à Romênia. Chegaram aos Estados Unidos. Falantes do iídiche, representaram notória influência na cultura local, na produção literária e nos campos da música, do teatro, do cinema, das artes em geral. A partir de 1921, os Estados Unidos estabeleceram uma lei de emergência limitando a imigração, provocada pelo expressivo aumento de imigrantes após o final da Primeira Guerra Mundial, momento em que se instaurou uma profunda recessão econômica na Europa.

A imigração para a América do Sul colocou-se como uma alternativa às restrições norte-americanas. Desde o final do século XIX, ampliou-se a adoção da Argentina como porto de destino, e estima-se que, até 1920, o número de imigrantes judeus tenha chegado a cerca de 150 mil. Parte desse contingente estabeleceu-se em colônias agrícolas, criadas pela Jewish Colonization Association, uma iniciativa filantrópica voltadas à absorção de imigrantes e sua inserção econômica nos países de destino. Uruguai, Brasil, Paraguai e Chile, entre outros países da região, receberam imigrantes judeus, e viveram o processo de formação de comunidades locais, com instituições voltadas ao atendimento das necessidades desses imigrantes e espaços para formação educacional e religiosa, produção cultural e sociabilidade, sociedades voltadas aos cuidados de saúde e de sepultamento.

A narrativa de *Em busca de meus irmãos na América* nos permite saber mais sobre aspectos dessas redes de solidariedade formada por imigrantes com referenciais culturais similares, dando a conhecer não só os sucessos dessas relações, mas também suas tensões. Encontramos nela as disputas por trabalho, os estelionatários vendendo ilusões, episódio de discriminação entre os próprios imigrantes, compondo uma história pouco preocupada com romantizar a trajetória pessoal. Também se fazem presentes os acolhimentos e a ajuda mútua, a valorização dos esforços e do caráter, as oportunidades de integração e de melhoria das condições de vida. Chegando na Argentina, no começo dos anos 1920, Chaim deposita seus esforços no projeto de ir ao encontro dos irmãos, que imigraram para os Estados Unidos. E assim vai construindo seu percurso em direção ao norte, escolhendo pontos intermediários nessa rota até seu destino ideal. Esse traçado dá à narrativa um clima de *road-movie*, pelos encontros inusitados, a precariedade das situações, a diversidade de cultura e costumes com as quais ele se depara, a insistência em cumprir seu destino autoproclamado.

No coração dessa jornada se encontra o Brasil, e parte importante dessas memórias está ligada a este país. Mais de quatro milhões de imigrantes somaram-se à população brasileira, de 1872 até 1940, e entre eles estima-se a chegada de 60 mil judeus. A imigração judaica deu origem a comunidades no Rio de Janeiro e em São Paulo, mas também em Porto Alegre, Curitiba, Belo Horizonte, Salvador, Recife, Belém, Manaus, além de núcleos menores fora das capitais. Intensificou-se nos anos 1920, período em que a politica imigratória dos Estados Unidos sofreu um revés.

Após cem anos de sua chegada, estima-se que há 120 mil judeus no país. Instituições de apoio, escolas, clubes, sinagogas, escritores e círculos de leitura, teatros, corais, conjuntos musicais, restaurantes, uma ampla e rica diversidade de produções e convivências permeiam a vida judaica hoje no Brasil. Entre associações e disputas, em meio a tempos mais brandos ou mais difíceis no que diz respeito à vida política e econômica, seguem compondo comunidades que exercitam o acolhimento ao estrangeiro, valor de enorme importância na tradição judaica.

Os filhos, netos e bisnetos de Chaim Novodvorsky e de sua esposa Marta dão continuidade ao legado de suas histórias. Que elas possam inspirar e enriquecer a trajetória de muitos outros leitores destas páginas.

Bethi (z. l.) casou-se com Rubens Tachlitsky (z. l.). Seus filhos são Jeanete Lescher, Mauro Tachlitsky (z. l.) e Denise Tachlitsky Ragheb. Teve como genros Simão Lescher e Nasef Ragheb, e como nora Sueli Look. Seus netos são Adriano, Viviane e Fábio Lescher e Juliana Lescher Ghelman, Eduardo e Karina Tachlitsky e Marc Tachlitsky Ragheb. Seus bisnetos são Bruno e Sofia Batista Lescher e Eva Lescher Ghelman.

Elias Novodvorsky (z. l.) casou-se com Lenita Rodrigues (z. l.), e foi pai de Charles Novodvorsky.

Clara Cecília casou-se com Elias Starobinas (z. l.) e é mãe de Nancy, Lilian e Marcelo Starobinas e Suely Starobinas Chusyd. Tem como genros Fernando Lottenberg, Roney Perez dos Santos, Fernanda Passoni de Oliveira e Ari Chusyd (z. l.). Seus netos são André, Daniel e Bianca Chusyd, Arthur e Paula Lottenberg e Gabriel e Diana Starobinas Santos.

Em busca de meus irmãos na América

A partida da Polônia

Meu nome é Chaim Novodvorsky. Nasci em Knishin, uma pequena cidade da Polônia, perto de Bialistok, em 1903. Após viver 42 anos viajando pela Argentina, Uruguai e Brasil, onde me estabeleci, resolvi escrever a minha autobiografia.

~

Em 1922, com apenas 19 anos, recebi o meu passaporte e resolvi emigrar para os Estados Unidos da América, onde meus irmãos já moravam há algum tempo. Eu queria me reunir a eles. Viajei para Varsóvia, com a certeza de obter um visto do consulado americano. Mas meu pedido foi recusado: me explicaram que a quota de imigração permitida pelos Estados Unidos para aquele ano já estava preenchida.

Fui então até uma companhia marítima, onde me informaram que seria possível viajar para a Argentina. De lá poderia tentar um visto, dizendo que já residia ali há cinco anos. Desse modo, conseguiria ir para a América.

Voltei para casa e contei tudo ao meu pai. Resolvemos que eu iria então para a Argentina, e novamente fui a Varsóvia para alterar o destino de meu passaporte.

Despedi-me de meu pai, irmãos, irmãs, cunhadas, tios e tias em segredo. Ninguém no vilarejo podia saber que eu estava de partida, já tinha sido convocado para servir no exército.

No dia seguinte, fui até o cemitério para me despedir da minha querida mãe, já falecida. À noite, discretamente, fui à estação para tomar o trem para Bialistok, onde embarcaria para Varsóvia. Encontrei-me lá com minha cunhada Bella, de quem me despedi. E entrei no trem.

Recebi meu visto no consulado argentino e preparei tudo para viajar. Aguardava apenas meu pai, que viria até Varsóvia se despedir de mim. Ele era muito religioso e só comia *kasher*, então, após sua chegada, nos alimentamos apenas de comida láctea, pão, manteiga e chá. Entendi que ele não iria comigo até a estação porque eu viajaria no sábado, e o convenci a voltar para casa na noite da quinta-feira.

Quando tomei o trem para a Alemanha me senti muito só. Via que as pessoas embarcando no mesmo vagão se despediam de seus parentes. Fiquei triste e solitário. Percebi que daí para frente estaria só no mundo, muito só, e não teria mais ninguém da minha família por perto.

Chegando à estação alemã, embarquei direto para a França, e de lá peguei o navio que me levou até Buenos Aires, na Argentina. Cheguei em 22 de junho de 1922. A viagem durou 21 dias.

Chegada à Argentina

Desembarquei em Buenos Aires. Quase não tinha dinheiro e não sabia falar o idioma. Soube da existência da Casa dos Imigrantes, uma instituição governamental.

Tinha trazido comigo o endereço de uma senhora cujos pais eram nossos vizinhos em Knishin. Não a conhecia, ela já morava há muitos anos na Argentina. Tomei o bonde e fui procurá-la, a partir do endereço que seus pais me deram. E encontrei! "Sou filho de Elie Novodvorsky, e neto de Chaim Shneguevitch", me apresentei. Logo ela entendeu quem eu era.

O casal tinha sete filhos, três meninas e quatro meninos. O filho mais velho era casado. Todos eles moravam numa sala: quer dizer, num quarto grande, dividido com um biombo. Na frente havia uma loja, onde vendiam cigarros, e ao lado um pequeno espaço, alugado por um barbeiro. À noite, a família colocava camas para o casal e também para as crianças, separadas pelo biombo. Logo vi que não teria lugar para mim ali.

Fui então para a Casa dos Imigrantes, já que tinha permissão de dormir lá por 30 dias. Embora não tivesse profissão, comecei a procurar qualquer coisa, para sobreviver. Comprei um jornal iídiche e vi um anúncio: "Precisa-se um padeiro". Pensei: "deve ser um trabalho bom", achei que não seria pesado. Imagine, só misturar a farinha com água. Lembrei que sempre observava nosso vizinho fazendo o pão, e ele era um bom padeiro.

Dirigi-me ao endereço indicado no anúncio e me apresentei como padeiro. O dono da padaria chamava-se Chaikel e o estabelecimento ficava na rua Junin, entre as avenidas Corrientes e Lavalle. Ele pediu que voltasse ao anoitecer para fazer o teste. Era sexta-feira.

Quando cheguei lá, me perguntou se eu sabia sovar a massa. Respondi que na minha cidade não tínhamos o hábito de sovar, e ele logo viu que eu não era padeiro. Mesmo assim me deixou ficar, para que não precisasse andar de noite pelas ruas que ainda não conhecia. Ajudei a lavar as assadeiras e formas usadas para pães salgados e doces. Ele me ofereceu chá-mate, tão doce e denso que até grudou nos meus lábios. Eu nunca tinha provado. Aceitei e não disse nada, porque que era um *griner*,[3] e não queria que rissem de mim.

---

3. Imigrante recém chegado.

Trabalhei a noite inteira, dormi um pouco e de madrugada ele me acordou e disse: "Meu jovem, você não é padeiro", ao que eu retruquei: "Preciso trabalhar, porque não tenho ninguém aqui. Estou na Casa do Imigrante e tenho que ganhar o meu sustento". Ele disse então que eu poderia ficar e trabalhar como peão: eu nem sabia o que era isso, mas aceitei. Depois fiquei sabendo que *peão* é uma pessoa que faz todo tipo de serviço que precisa ser feito na padaria.

No sábado de manhã chegou um carregamento de farinha. Tive que descarregar rápido, só que em vez de colocar nas costas, como na minha terra, jogaram em cima do ombro, com tanta força, que quase caí. Nem podia reclamar, pois ainda não falava espanhol. Quando terminei com a farinha chegou um vagão de sal, e comecei novamente a descarregar. O sal estava molhado e pesava muito. Foi colocado em grandes cestas lotadas, e eu de novo não podia falar nada, pois não sabia como dizer isso em espanhol. Terminei o trabalho ao meio dia. E das duas horas da tarde até as cinco, entreguei pão preto nas pequenas mercearias.

Continuei trabalhando na padaria, com direito a alimentação e a dormir no emprego. Levantava de madrugada, às quatro horas da manhã. Distribuía o pão para os fregueses que moravam mais longe e para os estabelecimentos onde o pão era vendido. Esse era o meu trabalho diário, além da entrega do açúcar para os padeiros que assavam pão doce, bolos, etc.

Durante esse período, apareceu um ladrão que roubava açúcar. Reparei que os sacos diminuíam de quantidade de um dia para o outro. Eles ficavam bem próximos da entrada, em um compartimento. Comecei a observar as pessoas que tinham chave e acesso à padaria, e podiam entrar de madrugada. Um rapaz, de quem eu já desconfiava, chegava antes dos outros. Um dia, acordei mais cedo e fiquei esperando escondido. Vi então que ele já estava ali fazia tempo, bem antes dos outros padeiros chegarem. Quando os outros apareceram, todos se juntaram para tomar mate. Ele não me viu, saí e procurei dentro das coisas dele. Debaixo do assento estavam pequenos sacos de açúcar. Despertei o dono e o levei até o local para mostrar que ele estava sendo roubado.

Trabalhei na padaria por dois meses, tinha folga nos domingos durante apenas quatro horas, e fazia o serviço que antes duas pessoas realizavam. Estava muito cansado, mas a esposa do meu patrão ainda achou que era pouco e me tirou estas quatro horas de folga, para limpar a loja. Ela queria me transformar em um escravo.

Aos domingos, eu aproveitava esse curto espaço de tempo para encontrar meus *irmãos de navio*[4] em um restaurante. Contei o que estava acontecendo, e resolvemos que eu não voltaria para a padaria naquele momento, só à noite. Cheguei bem tarde e

---

4. Irmãos de navio, em iídiche *shif brider*, é a expressão utilizada para identificar imigrantes recém-chegados.

não levantei de madrugada para trabalhar. O patrão foi me acordar, eu dei uma desculpa e ele achou que eu estava doente. Então não assumi o trabalho que costumava fazer pela manhã. Mais tarde, pedi as contas e disse que não trabalharia mais na padaria. Ele me pagou o que quis, trinta pesos no mês. As duas pessoas que trabalhavam lá antes de mim, fazendo o mesmo serviço, recebiam sessenta pesos cada um. Foi uma exploração que cometeram, porque eu era *gringo* e não tinha ninguém para me defender. Fui embora.

Da capital ao interior

Encontrei um novo problema: ter um lugar para dormir. Desempregado, não conseguiria pagar um quarto sozinho. O dinheiro recebido de meu antigo patrão estava guardado para comprar comida.

Na Corrientes, encontrei meus *irmãos de navio* e contei o que acontecia comigo. Disseram-me que poderia dormir com eles, mas teria de entrar tarde da noite, escondido, para o senhorio não perceber. Aceitei. Toda noite um deles me aguardava perto da porta, e fazia um sinal para entrar. Mas não havia espaço, as camas eram de solteiro, e eles dormiam dois em cada uma. Só sobrava um lugar no chão, que passou a ser o meu.

Acordava bem cedo, e os donos da pensão nunca ficaram sabendo que estava dormindo lá. Para comer, ia na cantina organizada para novos imigrantes que ainda não tinham trabalho. A alimentação era barata, não poderia pagar o preço de 80 centavos cobrado por outros restaurantes. Nessa cantina custava só 30 centavos. Quem não podia não pagava nada, comia de graça.

A coletividade judaica tinha boas pessoas que colaboravam com os *griner*. Não os deixavam passar fome, e demonstravam solidariedade ao organizar cozinhas e cantinas populares. Além das refeições, era também mais fácil conseguir um emprego nesses lugares: os empresários procuravam por mão de obra não especializada, como era o meu caso.

Na sexta-feira à noite, apareceu um senhor que se aproximou da mesa onde eu estava sentado comendo e perguntou: "Quem de vocês precisa de trabalho?"

Eu rapidamente dei um pulo e gritei: "Eu preciso muito trabalhar", embora não soubesse do que se tratava. E o senhor disse: "Termine a sua refeição, eu vou esperar."

"Já acabei", respondi, pois não conseguia comer de jeito algum. Fiquei com receio que ele falasse com outra pessoa. "Estou satisfeito, podemos ir!"

Tomamos o bonde e fomos até a casa dele. Não perguntei qual seria o serviço, o importante era ter um trabalho. Quando chegamos lá, ele me apresentou para a família e explicou sobre o trabalho. Era o filho dele quem iria me ensinar.

Meu patrão tinha uma pequena fábrica de cigarros especiais, e entregava encomendas para uma clientela selecionada: médicos, advogados e pessoas ricas. Além de ajudar os trabalhadores na fabricação dos cigarros, eu deveria entregar as encomendas a domicílio. E limpar a loja, que ficava na frente da casa.

Passei a trabalhar lá, com direito a comida e moradia, e ainda recebia gorjetas dos fregueses satisfeitos quando fazia entregas. Meu patrão e a família gostavam de mim porque eu era leal, de toda confiança. Eles também me levavam para todas as festas que eram convidados.

Trabalhei com eles durante quatro meses. Todos os domingos eu ia para a rua Corrientes, a um restaurante cujo dono se chamava Charles. Lá encontrava meus amigos, os *irmão de navio*, e ouvia notícias do que estava acontecendo no mundo.

Fiquei então sabendo sobre um trabalho no interior da Argentina, na época da colheita. Ceifando se ganhava muito bem, embora fosse um trabalho pesado, que ia desde o amanhecer até o pôr do sol. A vantagem é que não se gasta nada do dinheiro, guarda-se tudo, pois não havia o que comprar. Ao trabalhar por alguns meses, teria uma boa quantia.

Achei excelente, e não conseguia tirar a ideia da cabeça. Resolvi viajar imediatamente. Quando cheguei em casa à noite, contei aos meus patrões a resolução: "Tenho a oportunidade de ganhar um bom dinheiro, e preciso disso para poder partir para América para me reunir aos meus irmãos."

Meu patrão, sua mulher e os filhos me advertiram que este trabalho era pesado demais, e as minhas mãos não estavam preparadas: eram delicadas e eu não iria suportar, poderia até adoecer. Mas não quis ouvir os conselhos, pensava só em ganhar bastante dinheiro e me encontrar com meus irmãos na América. Sabia que com dinheiro conseguiria obter um passaporte argentino — como se já vivesse ali há cinco anos —, e não seria impedido de viajar. Preparei-me então para ir ao interior da Argentina e trabalhar na colheita. O ano de 1922 já estava terminando.

De charrete em Moisés Ville

Fui até a estação de trem para embarcar rumo a Moisés Ville,[5] uma cidade pequena onde havia muitos judeus. Cheguei pela manhã, encontrei alguns coches aguardando passageiros. Naquele tempo não havia automóveis para transporte, nem ônibus.

O cocheiro me perguntou para onde estava indo. Respondi que ia trabalhar na colheita. Ele me olhou e disse: "Está chegando para a colheita, mas ela já acabou. Já que veio até aqui, vou te levar até Moisés Ville", e me deixou na porta da cooperativa que os agricultores judeus organizaram, e me apresentou a algumas pessoas.

Eles me fizeram muitas perguntas. Contei que vim trabalhar para ganhar dinheiro e poder me reunir com meus irmãos, pois na Argentina não tinha nenhum familiar. Escutaram-me com atenção, e me falaram sobre um senhor com quem poderia trabalhar. Ele viajava pelas aldeias e vendia utilidades

---

5. Moisés Ville é uma colônia agrícola fundada na província de Santa Fé, na Argentina, em 1889, com objetivo de proporcionar aos imigrantes judeus a oportunidade de se tornarem agricultores. Foi uma das colônias da *Jewish Colonization Association*, instituição filantrópica fomentada pelo Barão Hirsch.

domésticas em uma carroça atrelada com cavalos, cheia de mercadorias: levava roupas para homens, mulheres e crianças, além de bugigangas como pentes, espelhos, colares, brincos, anéis, livros, discos e objetos de uso pessoal.

Fomos até a casa dele e me apresentaram: passamos a trabalhar juntos. Preparamos todas as mercadorias, e em alguns dias partimos em viagem. Vendemos bastante, e voltamos a Moisés Ville. Renovamos o estoque, e viajamos novamente. Fiquei trabalhando dessa forma durante um ano. Ganhei um bom dinheiro e voltei para Buenos Aires.

Logo fui atrás do senhor que providenciava os passaportes argentinos. Perguntei quanto ia me custar e quanto tempo levaria: me prometeu que em breve poderia viajar. Ele subia até o consulado americano e nós esperávamos embaixo. Junto com outras pessoas na mesma situação, nos víamos lá quase todos os dias. Quando descia, dizia que precisávamos ter paciência, os passaportes ainda não tinham ficado prontos para podermos ter os vistos.

Ele disfarçou e ganhou tempo, sem dizer claramente que era impossível receber os vistos no consulado. Quando descobrimos, pedimos nosso dinheiro de volta. Ele não tinha mais o dinheiro, nem como devolvê-lo. Fugiu de Buenos Aires para o Brasil, e lesou a todos nós. Perdemos tudo o que já tinha sido pago, e eu fiquei sem dinheiro.

Do trabalho aos palcos

Começava o ano de 1924. E eu com o mesmo antigo problema: procurar trabalho. Novamente comprei um jornal iídiche, e achei um anúncio de uma fábrica de correntes de ferro.

Consegui o emprego, que consistia em tirar a ferrugem das correntes para pintá-las em seguida. No primeiro dia, trabalhei até a hora do almoço. Minhas roupas ficaram pretas de ferrugem, também a boca, os olhos e o nariz. Comecei a cuspir ferrugem. Logo, vi que se continuasse naquele trabalho iria acabar doente, e depois do almoço não voltei mais. Comprei outro jornal e encontrei um anúncio de trabalho em uma loja.

Às cinco horas da manhã eu já estava na porta da loja esperando para abrirem. Era o primeiro da fila, atrás havia muitas pessoas. Quando o dono chegou, perguntou: "Quem é o primeiro?", e respondi: "Eu". Ele então me convidou para entrar, e explicou sobre o serviço. Ele era folheiro, trabalhava com folhas de flandres, consertava telhados, tinas, bacias e às vezes até fazia telhados novos. Precisava de alguém para ajudar a carregar o material até o local de execução do trabalho. Perguntou se eu já tinha tomado o café da manhã, e eu disse que sim, embora não tivesse comido nada.

Peguei a caixa de ferramentas e fomos tomar o bonde, para chegar ao local do trabalho. De repente ele se deu conta de que se esqueceu de levar a escada, e me perguntou se eu acertaria o caminho até chegar à loja: era preciso buscar a escada, caso contrário não seria possível instalar as calhas. Falei que iria até a loja e voltei de bonde. Mas, na volta, não me deixaram subir no bonde com a escada.

Andei durante algumas horas com a escada no ombro até chegar ao local onde meu patrão estava trabalhando. Ele consertou as calhas e eu pensei que teria de levar a escada de volta, mas, graças a Deus, a escada deveria permanecer lá mesmo.

Voltamos de bonde até a casa dele. Já estava escuro, me lavei e fui convidado para jantar. A mesa já estava servida, com diversos pratos como peixe cozido, chá e leite.

Não achei o aspecto do peixe muito agradável, parecia que tinha sido mexido demais. Então eu disse que não estava com fome, embora tivesse passado o dia inteiro sem comer nada. Disse que ia buscar os meus pertences. Fui embora e não voltei mais.

Precisei outra vez procurar trabalho, comprei o jornal e vi um anúncio para vendedor em uma loja de ternos para pronta entrega. Eu fui, me aceitaram e eu fiquei. Meu trabalho era varrer a loja e entregar os ternos em outras lojas, atendendo os pedidos. Trabalhei ali alguns meses. Como eu era *griner*, os patrões achavam que deviam me pagar menos, o que não era suficiente para o aluguel de um quarto e alimentação. Como eu ainda tinha algum dinheiro de Moisés Ville, fui me sustentando. Achava que em algum momento receberia um aumento, e a situação melhoraria.

Depois de alguns meses, como não recebi o aumento, resolvi procurar outro serviço. Encontrei em uma mercearia, onde poderia comer e dormir. Meu trabalho era deixar a loja limpa e entregar as compras nas casas das freguesas. Durante o dia, por cerca de duas horas, carregava ainda duas latas de óleo de 20 litros cada, para venda a domicílio. Quando fechavam a loja, colocavam uma cama para eu dormir após um dia pesado de trabalho. Neste serviço fiquei alguns meses.

Nunca perguntava quanto iam me pagar ou quando começava o trabalho: e neste aqui também não perguntei. Às vezes, queriam que eu trabalhasse somente por cama e comida.

Eu estava sozinho, sem ninguém que pudesse interceder. Quando disse para o patrão que queria receber mais, ele se virou para esposa e disse: "Olha só esse *griner*, ele já saciou sua fome e quer ganhar mais! Você pode ir embora, porque não faltam *griners* que queiram trabalhar". Então eu fui embora.

Novamente me dirigi à rua Corrientes e me encontrei com os meus *irmãos de navio*. Contei para eles que estava outra vez sem trabalho, e um deles me disse que havia uma firma suíça aceitando empregados. Caso me perguntassem se tinha experiência neste tipo de serviço, eu deveria falar que sim, do contrário não me aceitariam. Disseram-me existir várias firmas que faziam o mesmo tipo de trabalho.

Fui até aquela firma, e quando me perguntaram se já tinha trabalhado nesse tipo de serviço, respondi que sim. Fui aceito. O trabalho consistia na construção de casas novas, e eu devia ajudar o mestre de obras na instalação das calhas de folhas de flandres nas casas: ele já trabalhava nisso há algum tempo. Apresentei-me, dizendo que tinha sido contratado para ajudá-lo. O mestre de obras era alemão, e eu podia conversar e me entender com ele em iídiche. Mandou-me fazer a base para a calha, peguei um balde, o alicate com arame e pregos e subi para fixar o calço na base. Quando olhei para baixo e vi que as pessoas passando na rua pareciam formigas, comecei a tremer de medo. Ele reparou nisso e me mandou descer. Então confessei a verdade, que nunca tinha trabalhado neste tipo de serviço, mas que precisava trabalhar para ganhar meu sustento, porque na Argentina não tinha nenhum parente.

O mestre de obras disse: "Aqui estamos só nós dois e o dono não vai saber quem está instalando, eu o farei até você se acostumar com esse serviço." E assim acabei ficando lá, pagavam bem. Perdi o medo e com o tempo fiquei esperto como um gato, subia nos telhados, fazia de tudo. Trabalhei assim alguns meses, até que começou a faltar trabalho para a firma e tiveram que começar a demitir funcionários — e eu também fui demitido.

Novamente desempregado, procurei um emprego e achei numa loja de judeus sefarditas. Era um armarinho. Eu empacotava a mercadoria e limpava a loja, fazia tudo que era necessário. Morava com uma família, onde também morava um rapaz da minha idade. Ele participava de um curso de arte dramática, que comecei a frequentar com ele.

Nessa época, foi escrita uma peça de teatro para ser apresentada com artistas judeus, em iídiche. Mas havia atores que queriam cortar muitas cenas da peça, que se chamava *Ibergus* ou *A transmutação*, de Leib Malach.[6] O público que ocupava os melhores lugares eram cafetões, traficantes de mulheres (escravas brancas), donas de casas de tolerância e mulheres de vida fácil. Houve um confronto entre o autor, os artistas e a imprensa iídiche, que começou a clamar estarem fazendo uma afronta ao teatro iídi-

---

6. A rede internacional de tráfico de mulheres judias, Zwi Migdal, possuía uma ampla rede na América do Sul, naquele período. A convivência entre homens e mulheres ligados ao Zwi Migdal e setores mais formais das comunidades judaicas era tensa e dissociada. É interessante notar que a obra *Ibergus*, de Leib Malach, trata desse tema.

che. Exigiam um *teatro puro*, onde aquelas pessoas indesejáveis não pudessem entrar.

Dirigiram-se ao curso de arte dramática, e pediram aos alunos que não apresentassem a peça. Mas o grande escritor e jornalista Yankel Batochansky estava em luta conosco. Começamos a ensaiar e um mês depois já estávamos apresentando a peça em um grande teatro. Foi um enorme sucesso, e eu também participei.

Os artistas começaram a brigar entre si, houve uma ruptura entre os grupos. Um dos elencos de atores juntou-se a nós, entre eles o ator Zaslavsy e sua esposa, assim como Naumof, Klinguer, Warschawsky e outro atores e atrizes cujos nomes não me recordo. Convidaram os companheiros do curso dramático para trabalhar com eles na peça, e eu também entrei para representar com esses artistas famosos. Trabalhei com eles durante seis meses.

Chegaram então atores e atrizes da América do Norte, e representamos juntos. Não lembro seus nomes, mas vou mencionar as peças nas quais participamos com este artistas: *Der Ibergus* e *Drai un Draissic ior Colonizatzie*, ambas de Leib Malach, *Tzivshn tog un nacht*, de Leon Alpern, *Graf Patotzki*, *Schver tzu zain a iid*, *Der Rumenische Chassene*, e muitas outras peças.[7]

---

7. Em sequência, as traduções dos títulos das peças são: *A transmutação*, *Trinta e três anos de colonização*, *Entre o dia e a noite*, *O Conde Patotzki*, *É difícil ser um judeu* e *O casamento romeno*.

Na mesma época, me sugeriram que através dos atores americanos eu poderia conseguir um visto de viagem para a América — eles poderiam me levar, como ator. Mas não foi possível, e enquanto estive com eles gastei todo dinheiro que tinha poupado durante meio ano. Tudo o que tinha conseguido desde que cheguei à Argentina.

Fiquei com pouco dinheiro. Disseram que poderia viajar para me encontrar com meus irmãos na América passando pelo Uruguai. Que seria fácil, não precisaria de passaporte, apenas da carteira de identidade argentina. Então resolvi ir: tomei um navio e fui para Montevidéu. Já estávamos no ano de 1926.

Primeira parada rumo ao Norte

Desembarquei em Montevidéu pela manhã, e no porto perguntei onde moravam os judeus da cidade. Disseram-me que não muito longe do cais havia um salão de barbearia, cujo dono era judeu.

Fui até lá. Contei que acabara de chegar de navio da Argentina, mostrei meus documentos e perguntei onde poderia morar. Ele disse que possuía uma pensão e poderia me arranjar um lugar na casa dele, em um quarto junto como outros rapazes, e que iria me custar bem pouco. Eu também poderia comer na pensão junto com os outros hóspedes. Mandou uma pessoa me acompanhar e mostrar a casa. Acabei morando lá. De noite, quando chegou em casa, conversei com ele e contei tudo que estava acontecendo comigo: que chegara a Montevidéu para tentar viajar para América e me reunir com meus irmãos. Ao mesmo tempo, perguntei como conseguiria algum trabalho.

Ele disse que conhecia quem pudesse me arranjar um trabalho, e me deu seu endereço. No dia seguinte, fui até lá: o homem me deu uma carta para um conhecido seu da Companhia de Bondes. Eu fui, e consegui o emprego.

Recebi um quepe com um número em metal. Desse modo eu poderia viajar de bonde sem pagar, era só colocar o quepe na cabeça enquanto viajava no bonde até a Companhia dos Bondes, enquanto aprendia. Demorou um mês até eu prestar o exame e me admitirem — para começar a trabalhar e ganhar meu salário. Passado o exame, comecei o trabalho como condutor de bondes, e cobrava também o dinheiro das passagens dos usuários.

Almoçava na pensão onde morava, e à noite jantava depois do serviço. Além dos hóspedes, vinham pessoas de fora comer na pensão, e o dono sempre dizia que sua esposa estava para chegar. Um belo dia ela chegou, e os dois vinham comer na pensão. Na época, foi celebrado lá um casamento: a irmã da dona da pensão casou-se com um rapaz que morava lá. Eu participei da festa e até convidei uma moça para dançar. Achei estranha a maneira dela rir e não gostei de como dançava e se comportava. Mas não podia falar mal dela, pois não a conhecia bem. Quem sabe era o seu jeito. Depois de um curto período na pensão, o casal partiu para outra cidade, onde ele disse possuir uma loja de roupas usadas, que estava até então fechada. Acabamos nos esquecendo deles, mas voltarei mais adiante a este casal quando falar sobre o Brasil — pois fui, em seguida, de navio para o Rio de Janeiro.

Trabalhei em Montevidéu até o início de 1928. Consegui guardar um pouco de dinheiro para poder viajar ao encontro de meus irmãos e irmãs.

Rio de Janeiro e seus caminhos

Quando desembarquei no Rio de Janeiro, dormi em uma pensão. No jantar, a mesa foi posta e serviram feijão preto. Fiquei observando pois nunca tinha visto isso, e não consegui comer. Saí na rua, entrei em um bar e pedi café com leite e pão com manteiga, e voltei para a pensão para dormir. De manhã, fui procurar onde ficavam os judeus. Andei e, de repente, em plena Praça Onze, encontrei muitos judeus. Perguntei onde poderia achar um quarto para morar, e me mostraram uma pensão onde uma senhora viúva alugava quartos e fornecia refeições.

Dirigi-me para lá e conversei com a dona. Ela me disse que no momento não tinha quarto vago, mas se eu aguardasse um pouco poderia dormir na sala, onde dormia outro rapaz, e havia espaço para mais um. Eu aceitei as condições oferecidas, porque queria ficar entre judeus. Voltei para a pensão onde dormira antes, peguei minhas coisas e levei para o novo local. À noite, foram colocadas duas camas, uma para o rapaz que eu ainda não conhecia e outra para mim.

Já estava dormindo quando algo começou a me picar, a morder, acho que o rapaz também sentiu a mesma coisa. Só não conversamos afinal porque não nos conhecíamos. Um esperava que o outro tomasse a iniciativa de falar, e enquanto isso os percevejos estavam fazendo a festa. Se tornou difícil de suportar, até que um de nós acabou falando e reclamando, não lembro quem falou primeiro. Não sabíamos onde acender a luz. Pulamos das camas, no escuro, procurando pela porta. Achamos, e ela dava para um quintal, onde vimos uma mesa. Resolvemos dormir em cima dela. Retiramos os travesseiros e lençóis, sacudimos bem até não sobrar nenhum percevejo, deitamos e dormimos muito bem.

Quando amanheceu, acordamos e rimos muito, mal podíamos falar. Foi tal o acesso de riso que acabamos acordando todos na pensão, que vieram correndo para ver o que estava acontecendo. Por que estávamos rindo tão alto, será que tínhamos ficado doidos? Quando se aproximaram, viram como ambos ficamos pretos e também começaram a rir junto conosco. Nós acabamos dormindo bem perto de onde passavam os trens, e as locomotivas soltavam uma fumaça preta. O vento jogava e espalhava a fumaça, que caía justo em cima de nós, então ficamos bem sujos.

Após tomar um bom banho, fui até a Praça Onze me encontrar com os judeus e ver como podia tentar resolver os meus problemas. Conversando com eles, surgiu uma ideia: quem sabe viajar para o México seria uma forma mais prática de chegar mais perto dos meus irmãos? Minhas duas irmãs já estavam na América e também o meu irmão mais velho, éramos cinco irmãos e duas irmãs, e eu era o caçula. Dirigi-me então ao consulado mexicano e pedi o visto. Disseram-me para trazer o meu passaporte, assim poderia partir para o México — mas eu havia perdido meu velho passaporte durante tantas viagens de um lugar para o outro.

Fui até o consulado da Polônia, levando a carteira de identidade argentina, com a qual saí e cheguei no Uruguai, e mais tarde vim para o Brasil. Não houve necessidade de passaporte: não exigiam nada mais, simplesmente me deixaram partir. O cônsul polonês, entretanto, disse que não podia dar um passaporte sem antes consultar o governo polonês sobre mim, depois disso ele poderia fornecer o passaporte. Perguntei quanto tempo levaria até receber uma resposta, e ele disse que mais ou menos uns seis meses. Eu já imaginava que quando ele tivesse a resposta, me recusaria o passaporte porque saí da Polônia na época que fui convocado para servir o exército e não voltei mais.

Voltei novamente até a Praça Onze, onde conheci mais gente. Entre eles, encontrei um homem que já tinha conhecido no Uruguai, durante o seu casamento, na pensão onde eu estava morando. No capítulo anterior, escrevi sobre ele e a esposa, como ambos desapareceram, e ninguém ficou sabendo para onde tinham ido. Ele me reconheceu, e eu perguntei o que ele estava fazendo no Rio de Janeiro. Disse que morava numa pequena cidade próxima do Rio e que tinha uma loja de roupas. Possuía uma equipe de vendedores que viajam à cavalo pelas cidades do interior, vendendo à vista e à prazo. Perguntei se poderia trabalhar para ele, disse que poderia ser. Ficamos de nos encontrar no dia seguinte para conversar, marcamos o horário e o lugar, mas ele não apareceu e nunca mais o vi. Pensei que, com certeza, havia precisado partir de repente. Ou que, talvez, tivesse acontecido alguma desgraça, mas aqueles que o conheciam e sabiam de seus negócios não davam nenhuma informação sobre o seu paradeiro. Como me viram o dia inteiro em sua companhia, acharam que eu fazia parte da turma dele, e me ignoraram.

Fui novamente até a Praça Onze, e pedi uma indicação de emprego. Com um endereço que me deram, tomei um ônibus e, quando sentei, reconheci a mulher do tal sujeito acompanhada de outra mulher no ônibus. Sentei bem atrás, esperando que descessem para que pudesse segui-las disfarçado. Elas entraram em um café e eu também. Fiquei sentado num canto, pedi um café. Percebi então quem eram aquelas pessoas: ele, um cafetão, e ela, uma *tia*, ou dona de uma *casa de tolerância*, ambos traficantes de escravas brancas para prostituição. Podem imaginar onde eu podia ter ido parar sem saber! Foi então que entendi por que os outros judeus me olhavam com antipatia, mas Deus sempre me conduziu no bom caminho, e continua me protegendo, para que eu não fique envergonhado.

Consegui arranjar um trabalho de mascate, com um judeu de nome Israel Soifer, que morava no Méier, um bairro do Rio de Janeiro. Ele morava com um irmão, cunhada e filhos, e ainda uma irmã que chegara há pouco de Britchev, Bessarábia. Convidaram-me para morar com eles, e era muito agradável o ambiente familiar. Todos apreciavam o meu comportamento, até a cunhada de Israel — que queria que eu casasse com a irmã dela. A moça era muito bonita, mas eu não estava com pressa, a minha ideia continuava a mesma: chegar até a América, para ficar com meus irmãos e irmãs.

Tirando a sorte

Tomei um navio e cheguei até o Recife. Durante dois dias, o navio permaneceu no porto para descarregar. Desci e fui levar um pacote para os Kutner, a família com quem morei no Rio de Janeiro havia me pedido para entregar. Achei o endereço e entreguei o pacote, e fiquei até voltar a embarcar. Contei para eles que estava indo para América encontrar meus irmãos e irmãs.

Voltei ao navio e viajei para Belém do Pará. Assim que cheguei, fui para uma pensão, e comecei a indagar sobre os petroleiros. Informaram-me que estes navios só apareciam a cada seis meses, e logo vi que não poderia prosseguir com a minha viagem muito brevemente.

Voltei para a pensão e perguntei se havia judeus na cidade. Naquela época no Pará só havia um pouco de judeus sefarditas, mas o vizinho do meu lado na pensão era um judeu húngaro. Travei amizade com ele e contei a minha história, de quanto já tinha viajado para tentar me reunir com meus irmãos. Mas já não sabia mais o que faria, e precisava novamente arranjar um trabalho.

Ele me perguntou se tinha um pouco de dinheiro. Afirmei que sim, então me fez uma proposta de abrir um negócio, como sócios. Ele tinha uma pequena fábrica e gostaria de ampliar, mas não tinha capital para investir. Se eu entrasse com o dinheiro, nós teríamos a chance de obter bons lucros. Aceitei a sociedade e juntos fomos comprar os materiais necessários, e começamos a trabalhar dentro de nossos quartos da pensão. Conseguimos fabricar uma porção de quadros. Ele saía para vender e eu permanecia no quarto trabalhando, preparando outros. Passaram vários dias, ele não me prestava contas, e nem dinheiro eu via, assim me convenci que tinha entrado numa fria e que ele estava trapaceando. Peguei o material restante e levei para o meu quarto, e saí procurando alguns judeus para contar o que estava acontecendo comigo. Pedi que fossem falar com ele para devolver o meu dinheiro e fazer o acerto de contas entre nós.

Quando voltei à pensão, encontrei-o em companhia de dois investigadores. Ele me apontou assim que entrei, me disseram que eu devia acompanhá-los até a delegacia de polícia, porque estava sendo acusado de ter roubado quadros do quarto dele. Fiquei sem reagir e pensei comigo mesmo: *Que má sorte, tudo tem que me acontecer! Só faltava eu ser acusado de ladrão!* Mas é assim mesmo. Quando a pessoa está só no mundo, sem família, precisa passar por tudo isso. E lá eu não conhecia ninguém. Depois de tudo que já tinha passado na vida, só porque queria ser sempre honesto e manter o comportamento decente que herdei dos meus pais, fazer somente o bem, preservar o bom nome da família em qualquer situação, teria que ser firme e forte.

Fui para a delegacia. O delegado leu para mim o que o meu sócio declarou que eu havia roubado. Ouvi tudo atenciosamente e depois contei para o delegado o que na realidade havia acontecido entre mim e aquele que me acusou. Em primeiro lugar, não fui eu quem o havia roubado, e sim ele. Montamos uma sociedade e tínhamos direitos iguais, entrávamos um no quarto do outro. Ambos tínhamos as chaves, porque o material que usávamos no nosso trabalho ficava armazenado nos dois quartos. Eu não tinha roubado nada, e pretendia chamar algumas pessoas para falar sobre este assunto, pois era ele quem não me prestava contas sobre as vendas. Eu precisava do dinheiro investido de volta, não queria mais ser sócio dele. O delegado viu que estava contando a verdade e me liberou.

Meu sócio permaneceu lá. O que eles conversaram não sei, mas fui ao encontro dos meus amigos judeus e contei o que aconteceu. Um deles logo telefonou para o delegado e disse que algumas pessoas queriam ir conversar com ele. O delegado respondeu que podiam ir, fui junto e meus amigos confirmaram tudo o que eu já havia contado antes, e que eu pedi a intervenção deles para resolverem com justiça a questão. O delegado quis abrir um processo contra meu antigo sócio e prendê-lo, mas eu não deixei. Só queria que devolvesse o meu dinheiro. Não sou vingativo, apenas uma pessoa de bem. Foi o que meu pai me ensinou: não provocar o sofrimento de ninguém. O delegado ouviu meu pedido e, dirigindo-se ao meu acusador frustrado, disse: "Você devia se envergonhar, é mais velho que Jaime, tem idade para ser seu pai! Que belo exemplo é a compostura dele perdoando-o, que educação recebeu! Devolva o dinheiro que ele investiu e saia da minha frente e do estado do Pará, nunca mais apareça aqui, diante dos meus olhos." Assim, consegui receber o meu dinheiro de volta.

Enquanto estou escrevendo a minha história de vida, sinto muito orgulho no coração. Escrevendo sobre este caso, me sinto tão magoado e injustiçado, com vontade de chorar. Imaginem, tentaram me transformar em um ladrão! E por que tinha que acontecer logo comigo?

Comecei novamente a procurar emprego. Achei que Deus não tinha me abandonado, tinha meus méritos, e nunca fiz mal a ninguém!

Na época, morava um senhor que tinha um circo na cidade na mesma pensão onde eu estava. Ele soube do que aconteceu comigo, e conversando com ele contei que procurava um trabalho porque o meu dinheiro estava acabando.

Ele me ouviu com atenção e disse que, se quisesse, teria um serviço para mim.

"Claro", respondi, "se o senhor tem um trabalho para mim, seria muito bom". "Venha ao meu quarto", disse o senhor. Mostrou-me uma caixa revestida de pano preto, era um realejo. Explicou-me que era uma máquina de tirar a sorte. Havia uma manivela e duas rodas dentro, precisava rodar com a manivela para que aparecesse um papel branco dobrado dentro dela escrito *sorte*, junto com algumas palavras boas.

Aceitei o emprego e concordei com tudo. Ele me ensinou como devia fazer e disse que o lucro seria dividido entre nós. Peguei logo a caixa e fui para a rua, trabalhei algumas horas com o realejo e consegui quarenta mil réis. Era muito dinheiro, e fiquei trabalhando bem contente. Ele me perguntou se eu gostaria de trabalhar algumas horas à noite, pois tinha outro trabalho para mim. Respondi que seria bom, trabalhando mais, conseguiria ganhar mais, então fui trabalhar no parque de diversões ao lado do circo, com a roleta. O trato era de que eu ganharia 30% do valor. Viu que eu não era preguiçoso, e só confiava em mim.

Assim, começamos a trabalhar na cidade de Belém do Pará. Depois de um mês, viajamos pelas pequenas cidades do interior, de uma para outra, até chegarmos a Manaus, no Amazonas. Comecei logo a trabalhar na rua, mas de repente apareceram dois fiscais e perguntaram se eu tinha uma licença para trabalhar ali. Evidentemente não tinha, e eles me levaram para a delegacia de polícia e me prenderam. E me deixaram ali, porque o delegado não estava. Era domingo e ele só permanecia algumas horas do dia, e ainda era cedo. Fiquei aguardando bastante tempo na sala, comecei a sentir fome, pedi ao guarda que me acompanhasse até o restaurante, eu pagaria sua refeição. Ele aceitou. Depois de comer bem, voltamos à delegacia, mas o delegado estava demorando a chegar, então comecei a tirar a sorte para os guardas que ali se encontravam. Quando finalmente o delegado chegou, eles contaram tudo a ele, e eu tirei a sua sorte. Ele começou a rir, pois a mensagem que eu tirei lhe agradou muito, então ele disse que era uma atividade que não exigia licença e mandou me soltar.

Só que eu saí em liberdade, mas o realejo permaneceu apreendido. No dia seguinte devia ir até a prefeitura. Fui na manhã seguinte, como tinha prometido ao delegado, e falei com um funcionário. Contei tudo que tinha acontecido e ele me ouviu com atenção, então pedi que telefonasse para a delegacia e liberasse a ordem para me devolverem a minha caixa, assim poderia ir buscá-la e mostrar como funcionava. Ele ligou logo e deu a ordem, e disse que podia ir buscar o realejo e voltar. Claro que eu fiz tudo direito e também para ele tirei a sorte. Isso provocou nele muitas risadas, pois lendo o bilhete viu que estava escrito que ele era uma pessoa de instrução elevada e um futuro brilhante o aguardava.

Chamou os outros funcionários: eu tirei a sorte deles, e mandou que todos me pagassem. Embora não houvesse licença para a minha atividade, fez questão de me dar uma que custaria um pouco, mas impediria que algum outro fiscal me incomodasse na rua. Depois, pediu que fosse à casa dele para tirar a sorte de toda a sua família, esposa e filhas. Elas gostaram e me recomendaram a outros parentes. Consegui, assim, trabalhar bastante tempo porque no realejo tinham muitos bilhetes que serviam tanto para homens como para mulheres, escritos de 26 modos diferentes. E agradava a todos. Eu trabalhava todos os dias com o realejo e à noite no parque, mas no parque não pagavam em dinheiro, e sim com prendas.

Depois de um tempo, o dono do circo resolveu viajar para o Peru e eu precisei ir até uma delegacia fazer um passaporte, porque em Manaus não tinha consulado polonês. Mas não pude viajar, fiquei doente. Fui acometido de malária, ou *sezão*. A doença provocava altas temperaturas, sentia calor e depois frio de tremer. Todos os dias mais ou menos às 11 horas eu tinha muita febre, logo em seguida um frio terrível — e tinha que ir ao hospital, onde recebia medicação. Não adiantou muito, eu não melhorava. Então resolvi não acompanhar o circo, todos partiram e eu fiquei novamente só.

Um passo atrás

Fui até a marcenaria e mandei fazer uma caixa parecida com aquela do realejo, continuei trabalhando sozinho tirando a sorte. Fui até o cemitério, comprei uma caveira — dizendo que precisava dela para estudos —, lavei bem com água sanitária, pintei e coloquei luz nos orifícios dos olhos, usando duas pequenas lâmpadas à bateria. Fui a uma tipografia e fiz os bilhetes, como os que haviam na caixa antiga, e comecei a trabalhar. Eu já era dono do meu negócio, e não precisava dividir os lucros com ninguém.

Quando me despedi do pessoal que trabalhava no circo, lhes disse que estava doente e voltaria para o Pará. Não contei nada sobre meu plano para o patrão. Embarquei em um navio e fui até Belém do Pará e comecei a trabalhar novamente, mas desta vez como dono do negócio. Não fui tão bem como antes, tentei durante algum tempo. Tomei então um navio para o Ceará, e depois para Natal no Rio Grande do Norte, enquanto continuava trabalhando na rua tirando a sorte. Desta maneira consegui me sustentar.

Um dia, se aproximou um homem e me perguntou se eu era judeu, respondi que sim. Ele ficou contente, e me contou que também era judeu. Acabou me convidando para ir à casa dele, deixou comigo o endereço e à noite fui até lá. Contei toda minha história, o que estava acontecendo em minha vida e também meu maior desejo, que era me reunir com meus irmãos e irmãs na América do Norte. Mas que agora tinha ficado doente com malária.

Esse senhor se chamava Chaim Hurvitz, e eu ia todas as noites à casa dele. Até que uma vez, quando cheguei, encontrei ele e a esposa vestidos para sair. Disse que não havia problema, voltaria para a pensão e viria outra noite. Ele me disse: "Não, você virá conosco". Perguntei para onde iam, mas a resposta foi: "Onde nós vamos, você vai junto". Então fomos andando até a residência da família Palatnik, onde acontecia um banquete em homenagem a um *enviado* de Eretz Israel.[8]

Não me lembro o nome dele, mas sei que era um capitão de navio. Todos os judeus da cidade, com suas famílias, compareceram à recepção. Meu amigo Chaim me apresentou para toda a coletividade e especialmente ao dono da casa, Tobias Pa-

---

8. Antes da criação do Estado de Israel, em 1948, era comum o uso da expressão *Eretz Israel* ou *Terra de Israel* para designar a Palestina sob mandato britânico. A recepção do *enviado* reunia a população judaica da cidade, uma das práticas de popularização do movimento sionista.

latnik. Contou para ele quem eu era e por quantos países já havia passado: Argentina, Uruguai e Brasil — nesse último, pelos muitos estados. O senhor Tobias me levou até a biblioteca e mostrou uma foto em que estava com o presidente do Brasil, naquela época Washington Luís. E disse: "Como você viaja muito, pode contar às pessoas sobre esta foto e vão acreditar em você, pois muitos não acreditam. Mas você é testemunha que é verdade".

Fiquei em Natal durante algum tempo e depois parti, desta vez de trem e ônibus. Acabei perdendo a minha bagagem: não sei se roubaram ou se caiu do ônibus em algum momento. Era costume colocar as malas em cima do ônibus. Fiquei apenas com a roupa do corpo, até meu dinheiro estava dentro da bagagem. Minha sorte foi que o realejo não sumiu. Continuei viajando de um lugar para outro, tirando a sorte com os bilhetes. Cheguei então a uma cidade chamada Campina Grande, e depois a João Pessoa, capital do estado da Paraíba.

Trabalhava com o realejo em toda parte, e me sustentei tirando a sorte. Permanecia durante alguns dias na cidade e depois seguia para outras. Mas a doença não passava, e ficava muitas vezes de cama e com febre. Cheguei a uma cidade pequena, Itabaiana, e lá fiquei também com febre e acamado. Vinha o frio, não podia me levantar, a crise me derrubava todos os dias até cerca de meio-dia.

De repente, ouvi tocar um violino, eram as melodias iídiche muito conhecidas: *Habrivele Der Mamen*,[9] era uma delas. Imaginem como ficou meu coração ao ouvir as músicas em iídiche após tanto tempo. Imaginei logo que ali devia haver judeus.

Quando melhorei um pouco, saí para trabalhar e encontrei um senhor judeu chamado Yossel Serigorski. Ele vendia a crédito, e vinha durante alguns dias até ali para receber o dinheiro dos fregueses. Morava em Recife, capital de Pernambuco.

Depois disso viajei para outra cidade, Timbaúba, e me hospedei em uma pensão. Mas tive novamente uma crise de malária e o dono, vendo que passava mal, disse para ir embora porque não queria doentes em sua pensão. Enfraquecido e muito doente, precisei sair e viajar até chegar a Olinda, cidade vizinha de Recife, no estado de Pernambuco.

---

9. Em tradução, *Uma carta para minha mãe*.

O casamento em Recife

Em Olinda, recomecei meu trabalho na rua. Entrei em uma lanchonete para tomar um café, e vi um senhor judeu sentado em uma mesa de canto. Ele lia um jornal em iídiche quando me aproximei e me apresentei. O nome dele era Shimen Massur. Perguntei se no Recife existia alguma pensão de judeus: ele disse que sim e me deu o endereço, o proprietário se chamava Weber. Viajei até lá e consegui um quarto, as refeições também eram servidas no local. Depois de resolver a parte da moradia, fui procurar pela comunidade judaica. Ainda guardava o endereço da família Kutner.

Dirigi-me até a casa deles e bati na porta, a senhora Kutner abriu e perguntou o que eu desejava. Respondi que meu nome era Chaim e que já estivera ali algum tempo atrás: naquela ocasião ia a Belém do Pará, para tentar um trabalho em navio petroleiro. Imediatamente ela se lembrou e me mandou entrar, e perguntou por que eu ainda não tinha viajado. Contei tudo que me aconteceu depois de ter entregado a eles a encomenda do Rio de Janeiro. Ela me achou muito magro e pálido, por causa da malária.

Tinha se passado um ano desde que estivera com eles, já estávamos no ano de 1929.

Quando o marido dela chegou do trabalho — ele era *klienteltchik* —,[10] fiquei conversando com o casal, jantei com eles e voltei à pensão só para dormir. De manhã, recomecei a trabalhar na rua, e no final da tarde ia até a casa deles todos os dias, jogávamos cartas e conversávamos. Eu pedia conselhos, falávamos de minha situação e de como a enfermidade tinha atrapalhado meus planos de viagem rumo à América do Norte.

Todos os dias, ia até a Praça Maciel Pinheiro, onde me encontrava com alguns judeus. Eles perceberam que estava doente. Um deles, chamado Yankel Lederman, me disse para ir até lá no dia seguinte cedo: ele me levaria até o hospital, para que o médico me examinasse e passasse uma receita.

No dia seguinte, fui levado bem cedo ao hospital, e o médico me receitou *quinino*. Comprei o remédio, paguei cinco mil réis, e assim que tomei, comecei a melhorar. Quando estava terminando o remédio, repeti a receita e a malária sumiu, graças a Deus estava recuperando minha saúde.

Continuei indo à casa de meus amigos Kutner todos os dias depois do trabalho. Um dia a senhora Kutner me disse: "O que adianta você viajar tanto se não dá nenhum resultado positivo? Você até ficou

---

10. Em tradução, *mascate*.

doente nas tentativas de se reunir com seus irmãos e irmãs, e continua sozinho. Você é um rapaz tão jeitoso, será que não chegou a hora de interromper suas viagens, pensar em casar e ter uma família? Ao invés de ficar aqui conosco toda noite, não quer conhecer uma moça que nossos amigos receberam, uma irmã que chegou da Europa? Ela é muito bonita, e a família muito fina. O que acha dessa ideia?"

A senhora Kutner continuou: "Nós gostamos muito de seu comportamento, gentil e decente, e seria do nosso agrado que conhecesse essa moça. Quem sabe vocês acabam casando e estabelecendo uma vida aqui". Então eu respondi: "Como posso pensar em casamento se tenho apenas o terno do corpo, sem nenhuma troca? Perdi todos os meus pertences e preciso trabalhar, bastante e devagar, para poder comprar tudo novamente". Continuei: "Consegui melhorar, recuperar minha saúde e a esperança de ter mais força, mas ainda estou muito magro e pálido. Como terei coragem de me apresentar diante da moça e de sua família?"

Terminei minha fala com estas palavras, e não ouvi mais comentários sobre o assunto. Continuei a visitar a casa deles todas as noites. Nesse meio tempo, me apresentavam às visitas que apareciam e assim tive chance de conhecer mais pessoas com quem se relacionavam.

Conversavam comigo, e eu contava tudo o que tinha passado por conta da vontade de ficar junto com os meus irmãos na América. Mas que não conseguia realizar o meu sonho e chegar até lá, tinha até pegado malária no Amazonas.

Descobri depois que as pessoas que vieram conversar comigo eram amigos da família da moça, principalmente do irmão dela. Queriam saber como eu era e se valia tanto empenho. Eu nada sabia e nem desconfiava, até que um dia a senhora Kutner adoeceu e o médico a proibiu de receber visitas. Fui também impedido de entrar na casa.

Todas as tardes ia até a porta da casa dos Kutner perguntar se ela estava melhor, e depois seguia para a pensão. Quando melhorou, perguntou porque eu não tinha mais aparecido — e seu marido lhe contou que todos os dias eu ia até lá, para saber de sua saúde. Ela desconhecia a gravidade de sua enfermidade. Pediu então ao marido que me permitisse visitá-la: era uma pessoa muito solitária.

No dia seguinte, quando cheguei, me disseram que ela queria me ver. A senhora Kutner então me perguntou sobre minha própria saúde, eu disse que estava curado e me sentia muito bem.

Quando se curou, ela voltou a falar sobre casamento, preocupada com meu futuro. Eu respondi: "Qual moça irá se interessar? Não possuo nada e o meu trabalho não é adequado, imagine, alguém que anda com uma caixa da sorte pela rua, tirando bilhetes como um *katrinstcik*".[11]

A senhora Kutner disse: "Não tem importância, você é uma pessoa limpa, honesta e de respeito, não tem nada de patife ou vagabundo, e eu o considero como um filho mais velho".

Eu me senti tão querido. E continuei a ir à casa deles todas as noites. Um dia, encontrei lá um jovem sentado à mesa, e conversamos bastante. A senhora Kutner olhava e sorria, mas eu não compreendia seu contentamento.

Na noite seguinte, estávamos sentados à mesa tomando chá, junto estava sentada uma sobrinha deles. Ela perguntou: "Tia, você já disse para o Chaim?", e a tia respondeu: "Temos tempo, que pressa é essa? Antes vamos tomar o chá com pão de ló. Depois, terei força e coragem para falar com ele".

Entendi aos poucos que o assunto dizia respeito a mim. O jovem com quem conversei era o irmão da moça que ela me apresentaria, e a visita à casa de sua família estava combinada para terça-feira ao anoitecer. O senhor e senhora Kutner iriam junto comigo, e assim aconteceu.

Na terça-feira, enquanto nos preparávamos para sair, apareceu uma visita para a senhora Kutner. Ela percebeu então que não poderia nos acompanhar, mas que Shimen viria comigo. Eu brinquei: "Shi-

---

11. Em iídiche, *homem do realejo*.

men, você parece um casamenteiro, só falta colocar no bolso do paletó um lenço vermelho". Saímos os dois para fazer a visita.

Fomos muito bem recebidos. Fui apresentado à jovem num ambiente agradável, e conversamos algumas horas. Todos participaram da conversa: a moça, a cunhada, o irmão, eu e Shimen. Na hora da despedida, o irmão dela me convidou a visitá-los mais vezes. Eu agradeci o convite, e na noite seguinte fui novamente visitá-los, dessa vez sozinho. Bati na porta baixinho, com cuidado, e ninguém ouviu — todos estavam na sala, e não abriram a porta. Esperei um pouco e em seguida fui embora para a minha pensão. Tirei o paletó e sentei na cama, meus pensamentos eram tristes. Pensei comigo: *Chaim, onde você está se metendo? Que pouca sorte. Onde já se viu?* De repente, pensei comigo mesmo: quem sabe eles não me ouviram bater?

Coloquei novamente o paletó, o chapéu e voltei para lá. Desta vez, bati mais forte: escutaram e abriram a porta. Entrei e me sentei na sala junto com a moça, conversamos sobre vários assuntos durante algumas horas. Ao final, me despedi e fui para a pensão dormir, sonhar...

No dia seguinte, acordei e saí para trabalhar, como todos os dias. No final da tarde, caminhei até a casa de meus amigos Kutner. A senhora me perguntou se tinha ido visitar a moça na noite anterior: contei o que tinha acontecido e ela riu muito, e me perguntou se tinha gostado dela. Eu respondi que sim, que tinha gostado, mas que era ainda muito cedo e precisávamos nos conhecer melhor.

Todas as noites, durante alguns meses, fui à casa dela e conversávamos bastante. Contei toda a minha história: do quanto viajei, e sobre meu sonho de me reunir com meus irmãos na América. Depois de muitas visitas, confessei que gostava muito dela, queria assumir o namoro e marcar o noivado.

Ela me respondeu que não devíamos ter pressa. Quem sabe eu já era comprometido, poderia ter esposa e filhos em algum lugar depois de tantas viagens. "Vamos nos conhecer melhor", lhe disse. "Posso passar alguns endereços. De meus parentes na Europa, da cidade onde nasci e cresci, e também dos amigos de Buenos Aires".

O irmão dela escreveu para os endereços que dei, e reuniu informações sobre mim. Os dias passavam enquanto continuava com meu trabalho e com o namoro, no aguardo das respostas para as cartas enviadas. Não demorou muito e chegaram retornos positivos: ficamos noivos no dia 14 de setembro de 1929.

Meu futuro cunhado contou depois que as cartas falavam muito bem de mim. Uma delas dizia: "Se vocês perguntam sobre o rapaz que conviveu conosco, podem ficar sossegados e seguir com o casamento. Ele é uma pessoa muito boa, honesta e educada".

Casamos no dia 1º de janeiro de 1930, e começamos uma vida nova.

Ganhando a vida nos anos 1930

O irmão da minha namorada trabalhava *com clientela*. Quer dizer que vendia a prazo, em domicílio. Ele me levou para conhecer, pois gostaria que eu aprendesse o ofício para também trabalhar com isto. Ele me levou a algumas firmas, garantiu o meu crédito, comprou as mercadorias. Comecei então a trabalhar por conta própria. Fiz bons negócios, consegui muitos clientes, aluguei uma sala.

Entregava para minha esposa o dinheiro que recebia pelas vendas, que armazenava e reservava até o dia do pagamento das mercadorias. Mas de repente estourou a Revolução de Outubro de 1930: tive uma reviravolta nos meus negócios e perdi muito dinheiro. Vendi novamente para clientes que tinham acabado de pagar suas compras anteriores, mas não me pagaram novamente. Fiquei então sem dinheiro para pagar as dívidas com fornecedores, e isso me desanimou de trabalhar vendendo a prazo. Continuei no ramo até o ano de 1932, quando resolvi mudar para algo mais estável. Durante essa época, morávamos na casa de uma tia da minha esposa.

Um rapaz conhecido, que pretendia abrir uma loja de artigos gerais, estava para alugar um local. Seu cunhado iria ajudá-lo, mas ao final se arrependeu e não cumpriu com o prometido. O plano do rapaz ficou, portanto, inviabilizado. Enquanto isso, a tia de minha esposa sabia que eu procurava algo desse gênero, e prometeu falar comigo sobre o assunto. Ela me apresentou então ao rapaz, com quem fui conversar. Acabei por ficar com a loja.

Ele me mostrou onde poderia comprar as mercadorias, e comecei a trabalhar. Mas a localização da loja não era boa para comércio, e eu não conseguia vender. Meu lucro não cobria as despesas, então saí à procura de outro lugar mais movimentado.

Encontrei uma loja fechada. Perguntei à vizinha do lado quem era o dono, e ela me deu o endereço. Acabei alugando o imóvel, que além de loja contava também com uma casa. Ele aceitou minha proposta de acordo, e ainda reduziu o preço. Foi ótimo, pois não precisaria pagar o aluguel de dois locais.

Mudei com a minha família, já tínhamos uma filha de dois anos. Abri duas portas de frente para a rua e recomecei minha atividade de comerciante, estabelecido. Eu e minha esposa vendíamos bastante, o novo lugar era excelente e o dinheiro era suficiente para cobrir as despesas e cumprir os compromissos.

Embora o negócio fosse bom, não sobrava dinheiro para comprar mais mercadorias e ampliar a loja. Os fregueses pediam por outros artigos como cimento, tijolos, cal e tintas, tudo referente à construção e pintura. Mas aos poucos passei a disponibilizar as mercadorias pedidas, e comprei também um cavalo e uma carroça para entregar as compras.

Eu comprava as mercadorias e entregava a domicílio. Minha esposa, enquanto isso, ficava na loja vendendo. Ainda não podíamos ter um vendedor assalariado. Mais pra frente, ao sentir que já era possível, contratamos uma pessoa para nos ajudar. Ele começou a fazer as entregas, e eu só ajudava quando necessário.

Não perdi minha vontade de viajar ao encontro de meus irmãos na América. Quem ler esse relato deve ficar imaginando por que meus irmãos não poderiam me ajudar, enquanto eu sofria e passava por tudo aquilo. Mas eles mal me conheciam, eu só tinha oito anos quando partiram para a América. Temia que pensassem que eu era jovem demais, que não sabia ganhar o próprio sustento. Estava na América do Sul e talvez não tivesse vontade de trabalhar: poderia ser um preguiçoso ou um vagabundo. Mas eu não era nem uma coisa nem a outra, simplesmente não tinha sorte. Tudo que eu tentava fazer nunca dava certo — e não queria que eles soubessem disso.

Quando conheci minha esposa e me casei, ela me ajudou a trabalhar e acabou minha má sorte. Juntos superamos e conseguimos, com nosso esforço e trabalho, chegar a melhores resultados, subir na vida e atingir a independência.

Escrevi então aos meus irmãos que estávamos muito bem com o nosso trabalho, graças ao bom Deus. Durante os tempos difíceis, as pessoas falam mal e inventam coisas. Mas sabíamos que nada daquilo era verdade, somente que é impossível calar bocas maldosas. Ficávamos então quietos, e Deus nos ajudou. As bocas más emudeceram e mudaram de opinião, e passaram a dizer que eu era um bom comerciante, esforçado e trabalhador, e vinham até me pedir conselhos sobre negócios e oportunidades.

É por esse motivo que meus irmãos não me ajudaram quando eu mais precisei deles. Não por sua culpa, mas porque eu queria provar que era capaz de me fazer sozinho na vida.

Eu e minha esposa, cujo nome é Marta (Machlia, nos documentos), continuamos com o nosso trabalho pesado. Economizávamos até em ingressos para o cinema, pois teríamos que gastar também com as passagens do bonde. Achávamos melhor gastar em um quilo de carne para o almoço do dia seguinte, para nós e nossa filha, Bethi, e economizar algum dinheiro.

Durante essa época, uma cooperativa judaica começou a funcionar. No início, concedia empréstimos de duzentos mil réis para pagar vinte mil réis a cada semana. Para conseguir um empréstimo, era necessário um fiador que garantisse que, se eu não conseguisse pagar a tempo, ele pagaria.

Pedi a um amigo para assinar, mas ele recusou. Então pedi a outro, e este concordou. Fiz o empréstimo e investi em carvão, que vendia na loja. Pensei até em vender e entregar para os judeus a domicílio, mas minha esposa não gostou da ideia. Disse que eu ficaria conhecido por *judeu do carvão* e me chamariam assim para sempre, então desisti.

Graças a Deus, consegui pagar os compromissos assumidos. Durante essa época, um de meus fregueses *não judeu*, que comprava madeira e outras mercadorias destinadas a consertos em sua casa, me fez uma oferta: "Chaim, compre a minha loja de artigos alimentícios, uma mercearia, fica bem perto daqui, na outra rua".

Fiquei parado, sem ação pensando *como posso comprar a loja dele se não tenho dinheiro?* Disse isso a ele, que me respondeu: "Venderei para você sem dinheiro. Pode me pagar com mercadorias, eu estou sempre comprando aqui, vamos descontando aos poucos".

Respondi que pensaria no assunto. Entrei e contei à minha esposa. Conversamos sobre a possibilidade de fechar o negócio, e resolvemos adquirir a mercearia. Estudamos um jeito de administrar as duas lojas, e como iríamos trabalhar. Chegamos à conclusão de que ela continuaria na loja e eu na mercearia, mas eu contrataria um funcionário. Assim, eu poderia gerir e fazer compras para ambas as lojas, assim, eu poderia ajudar a minha esposa quando ela precisasse. E foi o que fizemos. Compramos a mercearia e o trabalho ficou ainda mais difícil e duro, mas ficamos ainda assim muito satisfeitos e achamos que valia a pena pensar no futuro.

Trabalhamos dessa forma durante seis meses, até aparecer um senhor perguntando se gostaria de vender a loja. Respondi que poderíamos conversar, era uma possibilidade. Cheguei à conclusão de que vender a mercearia era conveniente, e teria um bom lucro. Então aceitei, fizemos o balanço e ele me pagou. Com o lucro, investi na minha loja para aumentar o espaço, construí um telhado na parte de trás, aberta, e passei as mercadorias que ficavam na frente para lá. Fiz também algumas prateleiras, guardei tudo o que havia trazido da mercearia e recomecei o trabalho junto com minha esposa.

Empreguei um rapaz para ajudar no trabalho, e quando terminei de organizar tudo, fui até o centro da cidade. Visitei todas as famílias judias e me ofereci para entregar as compras a domicílio. Comecei a vender-lhes tudo que uma dona de casa precisava: açúcar, café, azeite, batatas, cebolas, sabão e outros artigos. Levava comigo uma lista de tudo o que havia na loja, e outra com os nomes e endereços dos clientes. Anotava os produtos que as senhoras encomendavam e suas quantidades. Quando chegava em casa à noite, minha esposa me ajudava a separar os produtos conforme os pedidos. De manhã cedo, colocava as caixas de mantimentos na carroça. Meu empregado atrelava o cavalo e levava tudo direto aos fregueses.

O esquema deu certo. Um dia buscava as encomendas, no outro meu funcionário entregava. No dia seguinte cobrava o dinheiro, e já recebia novos pedidos. Trabalhávamos dia e noite. Ficávamos muito cansados mas satisfeitos, sabíamos que com o tempo teríamos ótimos resultados e iríamos longe. Assim trabalhamos até o ano de 1938. Conseguimos comprar a casa e a loja, e ficamos livres do aluguel no fim daquele ano.

Conheci então um homem que trabalhava em uma loja de automóveis usados. Disse a ele que me interessava por esse tipo de negócio, e ofereci 25% de participação nos lucros além do investimento na montagem da loja. Seríamos sócios. Ele aceitou, e começamos a trabalhar juntos.

Um ativista comunitário

Combinei com a minha esposa que ela permaneceria na loja antiga e continuaria trabalhando com os empregados, e eu ficaria na nova. E assim foi. Aluguei um local e começamos a comprar carros usados: examinávamos os automóveis e também caminhões. Se estavam em bom estado, levávamos para a loja.

Aconteceu que o meu sócio não era honesto comigo. Como era ele o entendido, tornou-se o comprador e também o vendedor. Então combinava com o proprietário do veículo para que ele pedisse mais dinheiro, e ficava com a diferença que eu pagava a mais. Eu ainda não tinha experiência nesse ramo. Quando ele dizia o que eu devia pagar, eu acreditava e pagava.

Trabalhei com ele desse jeito por seis meses, até aprender melhor. Então observei e constatei que estava sendo roubado, e que não concordava mais com os preços que ele acertava. Comecei eu mesmo a comprar. Depois de um ano dissolvi a sociedade, paguei a parte dele e contratei outra pessoa. Pagava todo mês um ordenado, e me tornei o único dono do negócio.

Resolvi por fim liquidar a loja, e aluguei um lugar na cidade. Mudei com a minha família: já tínhamos três filhos, um menino e duas meninas. Começava o ano de 1942, e passei a trabalhar sozinho, minha esposa passou a cuidar de nossa casa e dos nossos filhos. A vida mudou para melhor, e minha esposa tornou-se uma dona de casa igual às outras senhoras judias.

Meus negócios foram melhorando cada vez mais: comprei então uma casa na cidade e, pouco depois, um palacete para onde mudamos com a família. Eu já possuía um belo automóvel, íamos ao cinema, ao teatro, podíamos tirar férias e viajar para a praia com nossas crianças. Durante alguns meses, tomávamos banho de mar.

Tornei-me uma pessoa importante, proprietário, e podia mandar os meus filhos para estudarem em uma escola judaica. Nesta época, estavam escolhendo um conselho administrativo para a escola judaica e me convidaram para participar. Aceitei e recebi a indicação para ser o tesoureiro. Fui eleito para este cargo.

Trabalhei para a escola durante quatro anos. O presidente se chamava Idel Fainzilber, e a secretária, Berta Margolis. Juntos no novo conselho, melhoramos muita coisa: conseguimos pagar em dia o salário dos professores e aumentamos o número de alunos para oitenta. Contratamos também mais dois professores brasileiros e uma professora de iídiche, seu nome era Sara Mancovetsky. Durante estes anos, os professores de iídiche que lecionaram na escola se chamavam Burstein, Alpern, Oksman e Bekin.

A escola funcionava num prédio comprado pela comunidade judaica, formada por judeus sionistas e da esquerda progressista, chamado Círculo Israelita. O conselho do Círculo incluía na composição ambas as partes para participar das decisões. Houve então uma ruptura, e os sionistas em sua maioria saíram do Círculo Israelita: adquiriram outra sede e formaram em separado uma nova associação. Mas eles não alcançaram o esperado sucesso, porque a sede ficava longe do bairro onde a maioria dos judeus moravam, e naquela época poucas pessoas possuíam carro — além de já estarem acostumados ao Círculo Israelita. Lá havia uma boa biblioteca e o espaço externo servia para a prática de esportes. Aos poucos, esse grupo voltou para o Círculo.

O prédio acabou por ser alugado para um quartel do governo do estado. Assim, passaram alguns anos até o local ficar desocupado. O grupo dissidente veio para uma reunião do conselho escolar, e sugeriu que a escola ocupasse o prédio vazio. Bastava adaptar o que fosse necessário para seu bom funcionamento. Muitos membros do conselho escolar estavam de acordo e achavam que devíamos aceitar. Eu ouvi tudo com muita atenção até pedir a palavra. E disse também estar de acordo, mas com uma condição: que a escritura do prédio ficasse em nome da escola, pois pertencia à coletividade judaica da cidade. Disse ainda: "O conselho escolar muda todo ano. Os membros no momento são favoráveis à ideia e vocês aprovam, mas caso daqui a alguns anos o conselho eleito não agrade a vocês, e queiram pedir a casa de volta? A escola então não terá para onde ir, e o espaço que ela hoje ocupa estará sendo usado para outras atividades, e seria diretamente prejudicada. Sugiro então que seja providenciada a escritura no tabelião, de modo garantir o futuro da escola".

Eles não aceitaram o meu ponto de vista e durante um mês não compareceram às reuniões. Não houve acordo, passou um tempo e fiquei pensando em alguma maneira de nos entendermos. Surgiu uma ideia, e chamamos o grupo para um novo encontro. Quando nos vimos, disse: "Vamos passar a escritura da casa para a escola, mas acrescentaremos um ponto: enquanto existir escola judaica em Recife, a casa pertencerá à escola e, se por algum motivo ela parar de funcionar, o prédio voltará a pertencer novamente ao grupo". Eles aceitaram a proposta e concordaram. Passamos a escritura em nome da Escola Israelita, e assinamos como representantes da escola:

▷ *Presidente* Idel Fainzilber
▷ *Tesoureiro* Chaim Novodvorsky
▷ *Secretária* Berta Margolis

Consertamos o prédio e mudamos a escola. Adaptamos tudo em função dela, e eu continuei trabalhando lá até 1946.

Enquanto resolvíamos isso, a Europa estava em guerra. Era a Segunda Guerra Mundial, e em 1943 vários navios brasileiros foram afundados perto do Recife, por alemães ou fascistas italianos. O governo brasileiro apelou para o povo ajudar a defender o país. Para isso, o Brasil precisava aumentar o número de aviões e treinar os pilotos.

Já naquela época, viviam no Brasil pessoas de várias nacionalidades. E, atendendo ao governo brasileiro, todos começaram a angariar dinheiro para comprar os aviões. Nós, os judeus do Recife, também queríamos contribuir, junto com os judeus do Rio de Janeiro e de São Paulo. Enviamos cartas para as comunidades pedindo orientação de como deveríamos proceder, mas a resposta demorou muito: então resolvemos sozinhos doar um avião para treinar os pilotos. Formamos uma comissão, e eu fui escolhido para me encarregar do caso.

No dia que o avião chegou no Recife, fomos todos ao aeroporto e convidamos o governador de Pernambuco, na época Agamenon Magalhães, além do prefeito Novais Filho e de outros políticos. O prefeito do Recife começou seu discurso com estas palavras: "Nossos amigos judeus da nossa cidade do Recife doaram um avião para o governo, para ensinar e treinar mais pilotos brasileiros a fim de podermos nos defender de nossos inimigos nazistas e fascistas, que querem mudar o mundo. Estou lhes agradecendo em nome de nosso governo. Muito obrigado."

Outras personalidades também falaram. Minha filha Bethi, que tinha então 12 anos, foi a primeira a subir no avião para voar. Depois também fui eu, pela primeira vez na vida. O nome escolhido para ser escrito no avião foi pensado em honra ao grande brasileiro Joaquim Nabuco.

Nós, judeus, somos bons amigos do povo brasileiro. E eles também são bons amigos dos judeus que vivem aqui. No Brasil, os judeus são muito considerados. Trabalharam e fizeram muitos investimentos, conseguiram ficar bem de vida materialmente. Quando os navios foram afundados, o povo brasileiro ficou muito revoltado contra os alemães e os italianos que viviam aqui, inclusive quebraram suas lojas. Mas nós, judeus, tivemos nossos estabelecimentos respeitados, sabendo que somos amigos e doamos um avião.

Os manifestantes que saíram às ruas para quebrar as lojas paravam em frente às nossas e proferiam discursos. Afirmavam que a coletividade judaica é boa amiga do povo brasileiro.

Depois, chegaram ao Recife soldados americanos. Entre eles, muitos militares eram judeus. Eu entrei na comissão para lhes dar apoio moral, material e também religioso. Organizamos, no Círculo Israelita, recepções e festas para eles. As famílias os convidavam para participarem das festividades tradicionais de Pessach[12] e outros feriados judaicos. Nossa comissão pediu aos soldados judeus americanos que fornecessem uma lista com o nome de todos (e eram muitos), para que as famílias judias avaliassem a administração dos convites para o primeiro *seder*[13] de Pessach. As famílias os receberam em suas casas para fazê-los sentirem-se num ambiente familiar, embora longe de casa.

Fui o último a permanecer na sede do Círculo Israelita, e ainda ia passar para buscar meus dois convidados. Quando estava de saída, apareceram cinco marinheiros de um navio que tinha acabado de atracar no Recife ao anoitecer: chegaram no Círculo quando já não havia mais ninguém. Então, resolvi levá-los todos para minha casa. Fui andando com os sete marinheiros e uma vizinha nos viu de longe e disse para minha esposa: "Olha, Marta, quantas pessoas o seu Chaim está trazendo para casa no *seder*". Minha esposa respondeu: "Não se preocupe, o que eu preparei será suficiente para todos, cozinhei bastante e não faltará comida".

---

12. Festividade comemorada durante oito dias, no início do mês de Nissan, que corresponde à primavera no hemisfério norte. Relembra e celebra a saída dos judeus do Egito. [N. T.]
13. Dá-se o nome de *seder* à cerimônia de celebração de Pessach, que ocorre durante o jantar com comidas que aludem à festividades. A saída do Egito é celebrada por meio de narrativas da história, canções e jogos. [N. T.]

Comemoramos com muita alegria o primeiro *seder* de Pessach junto aos nossos convidados. Eles nos agradeceram muito e elogiaram a atenção recebida. Nos trouxeram algumas *Hagadot* de Pessach[14] distribuídas pelo Exército Americano, com as quais continuamos a rezar na minha casa durante muitos anos.

Nos dias de *chol hamoed*[15] Pessach, chegou no Recife o rabino Boim. Organizamos o terceiro *seder* no Círculo Israelita e quase toda a coletividade compareceu: também os soldados e marinheiros americanos resolveram fazer uma apresentação para as crianças da Escola Israelita, em seu acampamento que ficava no aeroporto chamado de Campo do Ibura. Foi uma bela festa naquele dia.

Os militares judeus mandaram vir os grandes carros do Exército Americano. Subimos nos veículos militares e viajamos até o acampamento: as crianças e adultos, alunos e professores de iídiche, professores brasileiros, eu como tesoureiro, o presidente e a secretária, os pais dos alunos. Foi muito emocionante, participamos e cantamos juntos, tomamos coca-cola pela primeira vez na vida. Fiquei todo o tempo junto com os soldados.

---

14. Livros utilizados nas celebrações de Pessach. Contêm a narração da história do êxodo do Egito, bem como as canções e orações dessa festividade. [N. T.]

15. Festividades mais longas são divididas entre dias considerados *chag*, em que se aplicam as mesmas exigências de dias como o *shabat*, e dias intermediários, denominados *chol hamoed*, em que apenas se mantém os costumes da festa.

O contato com eles foi muito bom — até que a Guerra terminou, graças a Deus, e eles voltaram para América. Continuei recebendo cartas, pena que não as guardei. Lembraria o nome de todos: não pensei que um dia escreveria a minha biografia.

Com meus irmãos, na América

No ano de 1946, finalmente fui com minha esposa para América, visitar meus irmãos e irmãs.[16] Escrevi uma carta para o meu irmão Jim Novy. Este era o seu nome na América. Antes, na Europa, seu nome era Shimen Novodvorsky. Ele me respondeu dizendo que viajasse no mês de junho, pois minha sobrinha, filha de uma irmã, se casaria e encontraríamos toda a família. Minha irmã morava no México, mas o casamento se realizaria no Texas, na casa do meu irmão Jim. O noivo era um rapaz americano judeu.

Começamos os preparativos para a viagem. Nossos filhos ficariam com os tios, por parte da minha esposa. No dia 9 de junho de 1946, tomamos um avião pequeno até o Pará, e ali entramos em um outro grande chamado *Constellation*. Fizemos escala em Miami, e depois num terceiro avião até Dallas, no Texas.

---

16. Chaim foi o filho mais novo de Eli e Chaye Tzirl Novodvorsky. Teve sete irmãos: Isaac, Morris, Sam, Louis, Gershon e Jim (Shimen), além de duas irmãs, Sheindel e Chandel.

Em Dallas, tomamos mais um avião pequeno até o local onde seria realizado o casamento, e onde meus irmãos moravam. Durante a viagem, enfrentamos um forte temporal, e quase não chegamos a tempo de encontrar a família.

O avião não conseguia pousar por conta do vento em Austin, onde deveríamos ficar, então tivemos que voltar. Descemos e aguardamos duas horas no aeroporto. Indagamos se não existiria a possibilidade de viajar de trem, não queríamos mais ir de avião.

Como sempre existe gente que interfere em qualquer situação, aqui também apareceu um senhor judeu e disse: "Ouvi que vocês estão querendo ir de trem", e explicou que a Companhia de Aviação não gostava que os passageiros abandonassem o avião porque isso não era uma boa propaganda para eles.

Em seguida, fomos chamados para entrar no avião, e disseram que já partiríamos. Mas era mentira, e ficamos esperando ainda uma hora até que o tempo melhorou e voamos até Austin, no Texas.

Quando chegamos, um senhor nos mostrou algumas pessoas e avisou que estavam esperando por nós. Não conhecia os meus irmãos, mas quando nos aproximamos deles nos abraçamos e choramos muito emocionados. Até esqueci de apresentar a minha esposa. Na confusão, ela mesma se apresentou a todos. Minha família que me aguardava estava em mais ou menos trinta pessoas entre irmãos, irmãs, cunhados, cunhadas e outros parentes. Eu não os conhecia, pois na época que eles saíram da Europa e viajaram para a América eu era um menino de apenas oito anos. Tinham se passado 34 anos desde então.

Entramos nos carros e fomos levados até a casa de meu irmão Jim, onde ficamos hospedados até o casamento. Ao chegar, fui com ele conhecer sua empresa. Em seu escritório, lhe disse que precisava ir até o banco, pois já estávamos ali há dois dias e eu achava que o dinheiro que tinha transferido do Brasil deveria estar na conta. Admirado, ele perguntou: você mandou dinheiro para cá? Respondi que sim, tinha mandado 20 mil dólares. Queria comprar mercadorias para minha loja de automóveis, peças para Ford, Chevrolet, caminhões e os acessórios necessários.

Rumamos ambos até o banco. Assim que chegamos, informaram ao Jim que tinha chegado um dinheiro para alguém Novodvorsky, mas em seu nome. "Sim", disse ele, "é para Chaim, meu irmão". "E você tem mais um irmão?", perguntaram. "Mas o nome dele é diferente do seu, você se chama *Novy* e ele se chama *Novodvorsky*". Jim falou então: "A diferença é que ele conservou o sobrenome da família, como todos nos chamavam na Europa".

Todos os dias eu acompanhava meu irmão até seu escritório. Como ele se mantinha ocupado, eu saía sozinho para a rua e ficava olhando as lojas. Acabei por encontrar uma que vendia exatamente as peças e acessórios que eu precisava para a minha. Entrei e perguntei os preços mas, como não falava inglês, pedi uma lista telefônica a uma pessoa que estava lá. Achei o nome e o número de telefone do meu irmão, mostrei para o vendedor com a mão e pedi para que ele ligasse para lá. Ao tocar, ele me passou o fone para que eu falasse. Quem atendeu foi a secretária dele, que me perguntou quem queria falar. Eu disse: "Chaim", e ela "Chaim de onde?" Respondi: "do Brasil", porque parece que havia ali outro Chaim. "Espere um momento", respondeu. Fiquei parado, sem entender o que ela tinha falado, mas continuei segurando o fone.

Aguardei um pouco, até meu irmão falar comigo. Perguntou onde eu estava, no que respondi brincando que estava em uma loja e queriam me prender em uma cela. Ele achou engraçado, e perguntou admirado de onde eu conhecia essa expressão. Disse: "Eu sei o que isso significa, mas a pessoas aqui não entendem as minhas perguntas. Estou em uma loja de acessórios de automóveis, com peças que eu preciso comprar". Meu irmão pediu então para falar com o vendedor: ambos iriam se entender. Peguei na mão dele e coloquei o fone, e os dois iniciaram uma conversa. Ficou claro que se conheciam.

O vendedor ficou contente, e disse para meu irmão que pelo jeito eu entendia bem sobre as peças e acessórios dos automóveis Chevrolet e Ford. Jim respondeu que no Brasil eu tinha uma loja no ramo, e queria comprar estas mercadorias para revender. Pediu então para designar uma pessoa para me mostrar tudo: ele viria depois para fazer a compra junto. Disse também ao vendedor que eu era seu irmão menor e residia no Brasil. Ao desligar, uma pessoa entendida no assunto apareceu e me acompanhou, mostrando todos os artigos da loja e o que me interessava comprar.

Nessa época, na América, estes produtos estavam em falta. A fabricação era reduzida, e o governo havia proibido que as peças fossem vendidas para fora, não podiam ser exportadas.

Meu irmão então escreveu para um bom amigo dele, Lyndon Jonhson, em Washington, para que conseguisse a permissão da saída de minhas mercadorias. Naquele tempo, era senador. Ele respondeu com um telegrama que servia como comprovante, e dizia que eu poderia embarcar e mandar tudo para o Brasil.

No momento em que escrevo a minha autobiografia, Lyndon Jonhson é o presidente dos Estados Unidos da América do Norte — nesta data, 14 de setembro de 1964.

Chegou o dia do casamento da minha sobrinha. Foi muito bonito. Minha esposa e eu conhecemos toda a família, até os conterrâneos da Europa meu irmão nos apresentou. Ele depois telefonou para um conterrâneo em Chicago, pedindo que reservasse um hotel para nós e que me levasse aos lugares onde eu poderia encontrar mercadorias que ainda estavam faltando em minhas compras.

Tudo isso se passou logo depois da Segunda Guerra Mundial, e muitas mercadorias estavam em falta. Quando chegamos em Chicago, o amigo de meu irmão já estava nos esperando e nos levou para o hotel. Depois, saímos juntos para procurar as mercadorias.

Ficamos em Chicago por três meses, até eu conseguir comprar tudo. Tive que ligar para meu cunhado no Brasil, e pedir que enviasse mais dinheiro, pois ele ficou tomando conta do meu negócio. Ele mandou o dinheiro: paguei então tudo que comprei e despachei para o Recife.

Voltamos para Austin, e ficamos com os irmãos e suas famílias ainda mais um mês. Comprei do meu irmão um grande lote de mercadorias, e tive sorte pois foi justo na semana que os preços baixaram. Meu irmão Jim fornecia peças para o Exército Americano, e me vendeu o que sobrou antes de devolver as peças. Escolhi o que servia para minha loja e despachei também.

Enquanto estivemos com meus irmãos e irmãs, a conversa sempre girou em torno do mesmo assunto: nos convencer a mudarmos para a América. Eles poderiam providenciar os documentos necessários para toda a minha família, e obter os vistos para nossa entrada legal. Meu cunhado David me dizia: "Chaim, nós vamos abrir para você uma loja, e eu ficarei junto alguns meses até você aprender a vender e falar inglês". Então meu irmão Jim respondeu: "Como você quer ensinar, não está vendo que ele é capaz de ensinar a todos nós como se compra e vende? Você viu que ele sem falar inglês geriu grandes negócios por aqui, e ainda exportou para o Brasil? Você ainda está querendo ensinar algo? Deixe somente que ele concorde e aceite vir para cá, já será ótimo ficarmos todos juntos".

Eles queriam que eu prometesse vir me reunir com a família. Mas eu disse: "Não posso prometer nada. Quando voltarmos para o Brasil, vamos pensar e resolver sobre isso".

Uma vida no Brasil

Ao voltar para o Brasil, encontrei minha nova loja pronta. Meu cunhado tinha providenciado tudo, em todos os detalhes. Teríamos o espaço necessário para guardar as mercadorias que comprei na América. E em algumas semanas, elas começaram a chegar. Contratei uma pessoa para expor, colocar nas prateleiras e elaborar um catálogo de preços a partir de cada item.

Naquele tempo, no Brasil, as mercadorias que trouxe estavam em falta, então ganhei um bom dinheiro. Mas eu e minha esposa resolvemos não mais pensar em mudar para a América, pois aqui vivíamos bem, bem sucedidos material e socialmente. Com o tempo, teríamos bastante dinheiro para visitar sempre meus irmãos e irmãs: além do mais, seria bem melhor ir para lá passear. Depois de tantos anos de privações, não tínhamos mais necessidade de começar novamente num outro país, com novo idioma e novos negócios. E, tendo feito contato com as empresas na América, era só escrever pedindo as mercadorias das quais precisava que me enviariam.

Consegui um bom crédito nos bancos, e passamos a desfrutar de uma vida confortável no Brasil. Uma vida feliz, junto com minha esposa e nossos filhos.

Em 1949, nossa filha mais velha Bethi ficou noiva. E, em 1950, ela se casou. Nosso genro Rubens tinha se formado como dentista, mas um profissional no início de carreira demora para se tornar conhecido. Ele não ganhava o suficiente.

Em 1951, viajei novamente para América. Surgiu uma nova lei que exigia licença para importação de mercadorias: e eu já tinha excedido a minha cota. Fui então pessoalmente, despachei tudo que eu precisava de lá, e passei um mês com meus irmãos e minha família.

Quando voltei ao Brasil, soube que o meu genro se correspondia com um amigo que morava em São Paulo. Eles tinham estudado juntos, se formaram no Recife. Esse amigo viajou e escrevia nas cartas que São Paulo era muito bom para os dentistas, que tinha começado um consultório e os ganhos eram excelentes. Meu genro ficou entusiasmado, e resolveu ir até lá para encontrar alguma oportunidade na área. Ele gostou do que viu, e voltou para o Recife decidido a mudar para São Paulo, junto com minha filha e minha primeira neta Jeanete.

Senti tanta saudade que alguns meses depois fui visitá-los, e percebi que não era exatamente como o amigo tinha escrito. Esse amigo era solteiro, e para ele era realmente suficiente o que ganhava.

Mas meu genro precisava ganhar mais, tinha uma família para sustentar.

Minha filha foi trabalhar em um escritório para completar a renda, e meu genro não fazia bons negócios. Implorei: "Filhos, voltem para Recife!" A casa deles estava desocupada, e eu não tive vontade de alugá-la enquanto a situação não se estabilizasse. Mas não adiantou pedir, eles resolveram enfrentar a vida em São Paulo com a esperança de melhorar. Minha filha disse: "Papai, você mesmo nos contava o que passou na vida. E que superou todas as dificuldades. Nós somos jovens, vamos enfrentar e vencer também".

Eu não podia discutir e insistir para que voltassem ao Recife, então voltei sozinho. Pensei, pensei... o que fazer? Resolvi vender tudo o que possuía e me mudar com toda a minha família para São Paulo. Mandei minha esposa e meus dois filhos para conhecerem a cidade. Quando voltaram para o Recife, disseram que não gostaram de lá. Que já estavam acostumados em Recife, onde todos nos conheciam, tinham amigos. Mas minha filha mais nova, Cecília, que tinha então 12 anos, me disse: "Papai, se você deseja se mudar para São Paulo, nós vamos todos juntos".

Comecei então a recordar como a vida fora ingrata para meus pais, que não tiveram a sorte de conviver com os filhos, de ficarem juntos, verem os netos nascendo. Cada filho tomou um rumo, e se dispersaram pelo mundo. Não queria que acontecesse o mesmo comigo. Meu filho e minha filha ainda eram pequenos, mas quando crescessem também acabariam tomando outro rumo, enquanto eu e minha esposa acabaríamos ficando sozinhos. Achei que o melhor a fazer era mudar para São Paulo, onde já moravam minha filha Bethi, meu genro e minha neta, assim poderíamos voltar à alegria de estarmos juntos.

Fui aos poucos vendendo meus negócios. Livrei-me de tudo e parti para São Paulo, para buscar outro empreendimento. Minha esposa Marta permaneceu no Recife com meus filhos Elias e Cecília, que estavam estudando e não podiam perder o ano letivo.

O cinema no Bom Retiro

Chegando em São Paulo, vi num anúncio do jornal que um cinema estava à venda no Bom Retiro, bairro onde os judeus moravam em São Paulo. E resolvi comprar.

Escrevi para minha esposa pedindo que viesse, por enquanto sozinha, e deixasse nossos filhos no Recife com os tios. Quando chegou, compramos um apartamento no Bom Retiro e arrumamos toda a casa. Ao final, ela foi buscar Elias e Cecília e os trouxe para São Paulo.

Trabalhava com o cinema, mas não dava certo: todo mês tínhamos déficit, e fui obrigado a completar com o dinheiro que trouxe do Recife.

Um dia encontrei um conhecido que morou no Recife, Isaac Schuster. Tinha se mudado para São Paulo há alguns anos, pois o clima do Recife não fazia bem para a sua saúde. Conversamos, contei sobre meus problemas e o que aconteceu com meus negócios. Isaac me aconselhou a abrir uma loja de móveis, ele me mostraria como organizar e fazer dar certo. Ele tinha uma loja numa cidade perto de São Paulo, em São Caetano, mas para chegar lá era preciso tomar um trem. Ele estava em vias de terminar a construção de uma casa, e poderia alugá-la pra mim junto com uma loja.

Enquanto isso, apareceu uma loja de móveis já pronta para comprar. Fui com minha esposa ver e gostamos muito. Visitei-a durante alguns dias, vi que tinha um bom movimento e estavam vendendo bastante, então combinei com o dono para fazer o balanço e fechar o negócio.

Procurei por meu amigo Isaac Schuster e lhe contei sobre a loja que iria comprar, porque antes estava negociando com ele. Pedi que me deixasse livre da palavra que tinha dado. Ele me respondeu que estava contente por eu comprar uma loja que já tinha freguesia própria e não estava aborrecido comigo, pois poderia alugar para outra pessoa sem prejuízos. No dia marcado para fazer o balanço, fui com minha esposa até a loja que iria comprar, pronto para pagar o que combinamos e assumir o negócio. Mas o dono tinha se arrependido e não quis mais vendê-la. Era uma pessoa que não assumia a palavra, e toda a negociação deu em nada. Voltei para o meu conhecido Isaac e contei o que tinha acontecido. Ele respondeu que não tinha mudado de opinião, e se eu quisesse ele alugaria a casa e a loja — e ainda ajudaria a me estabelecer.

"O principal", disse ele, "é ver vocês bem instalados". E assim foi feito, ele foi comigo comprar os móveis, ajudou a colocar nos lugares certos e me mostrou como deveria trabalhar.

Meu filho ficou administrando o cinema. De manhã ele estudava, e depois se dedicava ao trabalho. Mas isso até eu conseguir vendê-lo, pois estava perdendo uma boa quantia de dinheiro. A nova loja estava indo bem mas, depois de alguns meses, o movimento ficou mais fraco porque eu só vendia à vista, não queria parcelar.

Como não tinha outro jeito, comecei a vender a prazo. Como não conhecia as pessoas, pedia informações. Mas mesmo assim eu perdia, porque os fregueses mudavam de endereço e eu não conseguia mais encontrá-los. Só podia ir aos domingos, estava a semana inteira ocupado na loja. Meu costume aos domingos era ficar com a família, almoçar com os filhos e a neta, todos juntos na minha casa. Então acabei perdendo até o prazer de aos domingos desfrutar da companhia de meus familiares, compartilhar os bons momentos com eles. Resolvi então vender somente à vista. Embora o movimento fosse menor, ao invés de ir procurar os clientes em suas casas, ficaria junto com minha família aos domingos.

Isaac, que possuía uma loja de joias e outros artigos de ouro, me aconselhou que eu também trouxesse essas mercadorias para a loja. E, além disso, providenciasse um relojoeiro para consertos de relógios dos clientes. Isaac me levou aos lugares onde ele sempre comprava e confiava, para poder escolher bem sem ser enganado. Comecei então a vender relógios e joias. Depois, completei as prateleiras com rádios e outros aparelhos úteis para uma casa.

Existem pessoas que ficam com inveja dos outros, e têm olho gordo. Passou um judeu diante da loja, parou e disse para minha esposa: "Veja só! Faz pouco tempo que a loja foi aberta e ele já conseguiu ampliá-la vendendo relógios e joias?" Minha esposa sem perder tempo respondeu: "Não tenha dúvida, ele não investiu o dinheiro que ganhou em São Paulo, investiu o dinheiro que trouxemos do Recife!" Os judeus paulistas achavam que as pessoas que chegavam do Nordeste, como nós, eram uns pobres coitados morrendo de fome, mas lá no Recife os judeus viviam muito bem, levavam uma vida boa e decente.

Mas o fato é que eu não me sentia satisfeito com a loja. Em primeiro lugar, porque estávamos eu e minha esposa ocupados durante a semana toda. Chegávamos às sete horas da manhã e fechávamos às sete horas da noite, às vezes até às oito. Só podíamos ficar juntos com os filhos aos domingos, e mesmo isso me foi tirado porque eu precisava fazer as cobranças: os clientes se mudavam de endereço e não se preocupavam em pagar as prestações.

Comecei de novo a pensar em mudar de loja e de ramo. Ter pelo menos algum tempo de folga para ficar junto de nossos filhos, que também estavam ocupados com seus estudos. Encontrei um jovem que também tinha chegado do Recife, já nos conhecíamos, éramos vizinhos. Ele me contou que estava revendendo malhas de lã para homens e mulheres, ele disse que era um bom negócio. Combinamos de abrir uma fábrica e trabalhar com malhas. Dinheiro ele não tinha, então eu investiria o que fosse necessário e ele, que já entendia do ramo, faria a parte técnica e viajaria como vendedor. Eu, que entraria com o dinheiro, teria 60% do lucro, e ele 40%. Assim pensei quando fiz a sociedade com ele.

Alugamos um salão no Bom Retiro e compramos as máquinas para fabricação das malhas. Então descobri que meu sócio só sabia comprar fios de lã: discernir quais cores eram importantes, e vender. De máquina ele não entendia nada. Tanto que compramos algumas que não serviram para nós. Tivemos que vendê-las e perdemos um pouco de dinheiro. Fui atrás de pessoas que trabalhavam com esse tipo de malha, que nos ensinaram como iniciar o trabalho.

Passaram-se alguns meses até resolvermos tudo. Meu sócio desanimou e falou: "Senhor Jaime, não está vendo que não está dando certo? Talvez seja melhor desistir e terminar com a sociedade. O que tiver de prejuízo, lhe pagarei aos poucos".

Eu respondi: "Do que você está falando? Não podemos fazer isso. Eu apliquei o último dinheiro que tinha, precisamos achar o caminho certo para evitar perder tudo".

Conseguimos trabalhar. Entregamos os fios de lã a uma pequena fábrica que fazia o trabalho para outras fábricas maiores. Com suas máquinas, teciam os fios de lã e só pagávamos pelo trabalho: eram eles quem fabricavam o tecido para nós. Colocamos operários para cortar e costurar as malhas, meu sócio saiu na rua para vender, e justamente naquele ano o inverno em São Paulo foi de um frio intenso. Fizemos bons negócios, mas meu sócio começou a ficar um pouco preguiçoso. Estava acostumado a ser vendedor e não dono, somente saia para vender entre nove e dez horas da manhã, e quando vendia algumas malhas achava que já era o suficiente. Quando temos uma fábrica, precisamos pensar diferente e trabalhar para subir na vida. Enquanto isso acontecia, eu dirigia a fábrica prestando atenção para dar tudo certo.

Meu sócio ficou doente e teve que ficar de cama alguns meses, e eu continuei trabalhando sozinho. Ainda bem que meu filho Elias vinha à tarde para me ajudar, pois de manhã estudava. Um dia meu filho disse: "Papai, não sei porque você precisa de um sócio, você está fazendo tudo sozinho".

Eu passei a entender de toda a rotina da fábrica. Quando meu sócio voltou a trabalhar, sugeri dissolvermos a sociedade. Eu e meu sócio não combinávamos: ele não tinha ambição de batalhar como eu, talvez porque já fosse nascido no Brasil. Trabalhamos juntos ainda durante um ano, depois conversamos e eu disse: "Se quiser, pode ficar com a fábrica, e pagar a minha parte. Pode até colocar outro sócio no meu lugar". Ele, então, me respondeu que não queria nada disso porque não saberia dirigir uma fábrica, só gostava de trabalhar com vendas, preferia que eu pagasse para ele a parte que lhe pertencia.

Acertamos tudo e permanecemos bons amigos. Com o dinheiro recebido, ele abriu uma fábrica de fiação junto com um italiano de quem se tornou sócio, e deu certo. Eu fiquei contente que tudo se resolveu bem. Ele está bem de vida e dou graças a Deus pelo bem estar de meus amigos.

Negócios em família

Continuei na fábrica e meu filho ajudou a dirigi-la. Era o ano de 1957, estávamos crescendo e progredindo. Meu filho terminou os estudos, e começou a se preparar para cursar engenharia na universidade.

Na mesma época, foi inaugurada a filial do Banco Nacional do Norte com matriz no Recife, em 1958. Fui convidado para o banquete de abertura. Participei do evento e encontrei lá uma pessoa conhecida do Recife, o presidente do Banco Indústria e Comércio de Minas Gerais, Manoel Teixeira Bueno. Nos olhamos de longe, até que nos aproximamos e ele me perguntou: "Chaim, o que você está fazendo aqui?" Respondi que morava agora em São Paulo, e tinha uma pequena fábrica.

Não sabia que ele era o homem mais importante do Banco Nacional do Norte. Ele chamou o gerente do banco, Sebastião de Carvalho Mergulhão, e me apresentou dizendo que eu era um bom amigo e cliente antigo do Recife, e que podia me atender em tudo que eu precisasse.

Depois de um ano e meio em São Paulo, Mergulhão foi chamado de volta para o Recife. Tinham comprado outro banco em São Paulo, e ele foi nomeado subdiretor de ambos. Em seu lugar, ficou Luiz Gonzaga da Silva Tescari, e os dois me ajudaram muito em tudo que precisei. Financiaram uma máquina que trouxe da América, porque sabiam que eu era um homem honesto em São Paulo, no Recife e nos outros lugares onde estive.

Meu filho Elias acabou se profissionalizando como um dono de fábrica junto comigo, e estávamos trabalhando cada vez melhor. Alugamos mais um salão ao lado do nosso, que ficou vago, ampliamos a fábrica e em um curto espaço de tempo alugamos mais dois salões com telefone: mas esses eram embaixo, e os outros no primeiro andar. Minha filha Bethi saiu do emprego e procurava por outro, então sugeri que trabalhasse conosco. Enquanto isso, meu genro Rubem prestou concurso para dentista do governo do estado, e passou a trabalhar na parte da manhã como dentista do serviço público e à tarde no consultório dele. Algum tempo depois, vendeu seu consultório e começou também a trabalhar conosco. Continuou no emprego do estado durante a manhã, e depois vinha para a fábrica. Entrou como sócio, e minha filha voltou para casa para cuidar dos filhos e administrar o lar.

Compramos máquinas modernas, e os negócios passaram a ficar excelentes. Fui com meu filho para os Estados Unidos importar fios de *nylon*, até licença para importar conseguimos. Isso tudo se passou durante 1961. Meu filho voltou para o Brasil, mas eu viajei para ver os meus irmãos em Austin. Fiquei mais vinte dias com eles, e depois fui a Nova York fazer negócios com uma grande empresa, a Tai-cara.

Eles ficaram de me responder. Enviariam uma carta para Austin, para poderem coletar informações. Eu já tinha feito negócios nos Estados Unidos quando morava no Recife, e meu nome constava como importador. Alguns dias mais tarde, chegou a carta, dizendo que não existiam impedimentos e que poderíamos seguir.

A carta estava escrita em inglês, meu sobrinho leu e começou a rir. Aproximou-se, me beijou e perguntou: "Tio, o senhor sabe com quem estava falando na Tai-cara? Com o principal presidente da companhia! Estou orgulhoso do senhor e do meu pai também, vocês fazem grandes negócios. E você, tio, nem sabe falar e escrever em inglês e consegue administrar tudo isso. Orgulho-me de ter um tio tão capaz".

Fiquei com meus irmãos e irmãs mais alguns dias. Ao voltar para Nova York, fui mais uma vez à Tai-cara e conversei com o presidente. Disse que, voltando ao Brasil, lhe escreveria. Precisava entender como importar os fios de *nylon*. Preparava-me para voltar ao Brasil, quando ouvi pelo rádio que o presidente Jânio Quadros tinha renunciado.

Chegando, observei o que estava acontecendo: não deixavam o vice-presidente João Goulart assumir a presidência. Finalmente, depois de alguns dias ele conseguiu assumir, mas a crise já estava instaurada. Os bancos tinham sido fechados, não se fazia mais negócio e o comércio parou.

Assim se passaram alguns meses, até que aos poucos começou a melhorar a situação. Mas eu já não podia mais pensar em trazer o *nylon* dos Estados Unidos, o dólar tinha subido muito e não compensava pois o frete ficava muito alto.

Tivemos que desistir da importação. Meu filho Elias, lendo uma notícia no jornal, viu que estavam abrindo uma fábrica de fio de *agilon* em São Paulo. Ele foi conversar com os proprietários, que nos venderam o fio. Passamos a usar em nossas máquinas, produzimos uma quantidade de tecido e mandamos tingir.

Encontramos um jeito de fabricar tecido. Fomos os primeiros no Brasil a usar do método. Fabricamos camisas para homens e blusas para senhoras, casacos e roupas para crianças, roupas prontas que eram distribuídas por vendedores nas cidades do interior. Tiveram boa aceitação no mercado de confecção, devido à qualidade e ao preço. Além disso, fizemos uma propaganda muito boa.

Tempos de crise

Mesmo assim, perdemos muito dinheiro por causa da crise. Muitos comerciantes deixaram de nos pagar o que estavam devendo, e outros mandavam de volta as mercadorias. Durante alguns anos, para completar, não fez muito frio, e as peças de lã que fizemos para o inverno, acabaram sendo vendidas com preço muito abaixo. Para complicar mais, tínhamos comprado uma máquina nos Estados Unidos, pouco antes da crise, com dinheiro emprestado do banco. Participamos da exposição da FENIT, com mostruário fabricado, e gastamos também muito dinheiro com isso.

A crise apertou, e começou a faltar *nylon* novamente. Fizemos um contrato com a fábrica que produzia o fio, dizendo que precisávamos de três toneladas do *agilon*. Eles mandavam até mais, pois fomos os primeiros a descobrir como se produzia o tecido, e nós aceitávamos. Trabalhávamos muito e fazíamos propaganda, quando o artigo se tornava conhecido vendíamos bastante. Tínhamos vendedores em diversas cidades, que faziam pedidos das mercadorias e mandavam para a fábrica.

Justamente na época de crise, o senhor Morelli, principal proprietário da empresa onde eu comprava fio, viajou para a Europa. O senhor que ocupou seu lugar junto aos acionistas da empresa (eles não compareciam presencialmente) passou a dar as ordens, e resolveu começar a nos fornecer uma quantidade menor do *agilon*.

O prazo de pagamento era de 45-60-90 dias, mas quando começou a faltar fios de *banlon* e *helanca*, a fábrica de *agilon* passou a ficar conhecida e os fabricantes que precisavam de fio corriam para lá oferecendo pagamento à vista. A fábrica se aproveitou da ocasião e descontavam os cheques no mesmo dia. Ganharam muito dinheiro, e enviavam os fios de dez a 15 dias depois, às vezes até vinte. Começaram a nos fornecer menos fio, uma quantidade cada vez menor até chegar a 600 quilos por mês, e depois 400. Acabei por ficar com a fábrica parada por falta de material.

Precisei dispensar muitos funcionários e operários que estavam comigo há muito tempo. As leis do Brasil obrigam a pagar todos os direitos do trabalhador quando ele é dispensado do serviço, tudo tem que ser calculado com base no tempo de trabalho exercido. Muitos trabalharam comigo durante vários anos, e eu tive que pagar muito dinheiro para eles. A crise foi se prolongando, e a cada vez a situação se tornava pior. Eu já havia comprado lã para o inverno, como sempre com antecedência de quatro a seis meses, para fabricar e vender quando começasse o frio. Mas novamente naquele ano o frio não veio. Fiquei com a lã preparada sem vender, e fui obrigado a comprar *helanca* ou *banlon*. Mas não direto da fábrica, e sim de revendedores que cobravam mais pelo fio, e isso encareceu minha produção.

Tudo foi piorando progressivamente, e os comerciantes deixaram de pagar as mercadorias já enviadas. Tinha ainda muito dinheiro para receber, e resolvi viajar para cidades do interior onde moravam os comerciantes que me deviam muito, e tentar cobrar. Demorei 15 dias, mas consegui receber um pouco do dinheiro, e mandei para os meus filhos. Pedi que pagassem aos poucos o que nós devíamos, assim nossas dívidas diminuiriam. Mas o dinheiro que mandei não foi suficiente para pagar em dia as contas. Os fornecedores começaram a ameaçar entregar nossas duplicatas assinadas ao cartório de protesto.

Enquanto isso acontecia, eu não estava em São Paulo. Meu filho e meu genro ficaram assustados e foram consultar um advogado. Contaram que tínhamos muita mercadoria estocada, mas não tínhamos dinheiro no momento para pagar, a não ser as máquinas. Estávamos lidando com muita gente, e precisávamos ser aconselhados sobre o melhor a fazer. O advogado nos disse que devíamos pedir concordata, para evitar que fossemos protestados. Pedimos, e foi aceito: pagaríamos só 60% da dívida.

Essa era a lei no Brasil, não queríamos tomar nada de ninguém, apenas pagar todas as nossas dívidas. Meu filho e meu genro declararam dessa forma na justiça, e dessa maneira não poderiam nos protestar em cartório.

O processo demorou 18 meses para sair da justiça, e teríamos três anos para pagar nossas dívidas, em duas vezes: uma metade em um ano, e a outra em dois anos. Voltando de viagem, encontrei a solução executada, sem poder fazer mais nada. Fui até os fornecedores falar sobre nossas máquinas e mercadorias em estoque. Disse para eles: "Vocês não terão que esperar tanto tempo, o processo já está na justiça. Preciso apenas dessa ordem para poder vender minhas máquinas e mercadorias. Assim que tiver, poderei pagar".

De cabeça erguida

No dia 24 de fevereiro de 1964, saiu no jornal o valor que eu estava devendo para cada um dos fabricantes. Depois, começou o processo que levaria 18 meses até que o juiz dividisse a dívida em duas vezes.

Resolvi que não faria os credores esperarem tanto para receber o dinheiro. Procurei por eles e disse que queria pagar antes. Ofereci que aceitassem minhas mercadorias e máquinas pela dívida. Se concordassem, pediria a expedição de uma ordem para pôr em prática meu plano. E então resolveria tudo na revogação da concordata. Chamei o advogado, que logo entrou em contato com o juiz, e explicou minha vontade. O juiz aceitou e anulou a concordata, e eu aos poucos paguei as dívidas assumidas com as máquinas e as mercadorias vendidas. Com o que recebi pelas máquinas paguei também nossos operários, e aos poucos os despedi. Eles receberam tudo que lhes era devido.

Aluguei um pequeno salão para diminuir as despesas e convidei para trabalhar conosco somente o sogro do meu filho, que já estava colaborando há algum tempo. Também deixei só um funcionário trabalhando. Aproveitamos as máquinas que ainda não tínhamos entregado e produzimos tecidos para terceiros. Recebíamos pelo nosso trabalho, e isso ajudou a pagar mais algumas dívidas.

Meu filho e meu genro começaram a procurar outros serviços, porque não dava para cobrir as despesas. Minha filha começou a trabalhar como coordenadora na Ofidas, a Organização Feminina Israelita de Assistência Social. Tinham lá um Lar das Crianças, onde cuidavam de 70 crianças, filhos de mães pobres que precisavam trabalhar e deixavam os filhos durante o dia.

Meu genro voltou a trabalhar como dentista. Meu filho foi trabalhar em uma loja de carros usados, e ganhava comissão sobre as vendas. A esposa dele também passou a trabalhar na Ofidas, supervisionando os livros de contabilidade.

Mas voltando um pouco para minha história, quero contar o que houve quando fui conversar com os proprietários das fábricas. Eles me perguntaram por que eu não tinha contado sobre o que estava acontecendo com o nosso negócio. E perceberam que tinham destruído o que eu tinha conseguido construir em 42 anos, mas já era tarde.

Perceberam que eu não era uma pessoa que ansiava por ficar com o que era dos outros. Depois que entramos na justiça, se transformaram em *boas pessoas*, e disseram que teriam me ajudado a pagar os que nos ameaçavam de protestar. Disseram: "Nós sabíamos que você era um homem honesto e decente, que não enganaria a nós nem aos outros. Conhecemos o seu passado, retidão e palavra". Foi por isso que os fabricantes teriam dado um crédito tão grande para nós, mas essa conversa foi feita muito tarde. Dali a alguns dias terminaria de pagar tudo. Paguei a cada um deles no prazo de um ano o que teria demorado mais de três anos e meio.

Fiquei sem nada, mas, graças a Deus, com minha honra intacta, que é o maior tesouro da minha vida. Foi meu pai, que Deus o tenha em paz, que me disse isso ao nos despedirmos em Varsóvia na última vez que nos vimos, em junho de 1922. Nunca mais o encontrei na vida. Ele me disse: "Meu filho, você está partindo para longe, o caminho é distante, e até conseguir se reunir com seus irmãos estará só. Procure ficar sempre entre os judeus. Onde você estiver, honre o seu nome, e você nunca perecerá". Lembrei e segui até hoje suas palavras. E durante todos os 42 anos desde nossa despedida, mantive a postura honrada e respeitosa, e resguardei o meu nome em todos os países onde vivi. Posso andar de cabeça erguida por todos os lugares pelos quais passei, e ninguém pode dizer, apontando o dedo, que me apropriei de algo que pertencia a mais alguém.

Posfácio

Os percursos da imigração judaica

RONEY CYTRYNOWICZ

Em busca de meus irmãos na América, de Chaim Novodvorsky, é um texto de memória que prende o leitor do começo ao fim. É um relato pessoal, singular e ao mesmo tempo emblemático dos percursos da imigração judaica. Mescla de forma saborosa os acontecimentos e aventuras pessoais de um imigrante, que foi primeiro à Argentina, depois ao Uruguai e, finalmente, ao Brasil, com um preciso e vívido retrato dos caminhos pelos quais se dava a inserção dos imigrantes na vida do país entre os anos 1920 e 1960.

"Fiquei triste e solitário. Percebi que daí para frente estaria só no mundo, muito só, e não teria mais ninguém da minha família por perto", escreveu Chaim sobre a decisão de deixar a Polônia em 1922 e rumar para Buenos Aires, de onde, após uma passagem por Montevidéu, chegaria ao Brasil em 1928.

A DECISÃO DE EMIGRAR

Processo socialmente complexo a decisão de emigrar. Resultado de muitos fatores, mas tem como força motriz a expectativa de um futuro promissor e um horizonte de esperança. No caso de Chaim, parte dos irmãos já tinha imigrado para a América. Além disso, ele fugia do serviço militar, um dos mais frequentes motivos de emigração da Europa Oriental e do Império Russo desde o século XIX. Um relato como o de Chaim repõe a dimensão pessoal e afetiva do significado de um jovem, aos 19 anos, sem profissão, deixar a família em um pequeno vilarejo na Polônia com o objetivo de imigrar aos Estados Unidos e, diante da recusa de visto àquele país, lançar-se sozinho rumo ao outro lado do mundo. "Desembarquei em Buenos Aires. Quase não tinha dinheiro e não sabia falar o idioma. Soube da existência da Casa dos Imigrantes, uma instituição governamental", escreveu ele.

As memórias de Chaim nos revelam alguns dos fatores estruturais que caracterizaram a imigração judaica ao Brasil. Foi nos anos 1920, com as barreiras impostas à imigração em países como Estados Unidos e Canadá, que a imigração ao Brasil se adensou, o país se tornou um horizonte possível e desejável para os emigrantes, como mostrou o historiador Jeffrey Lesser. Entre 1921 e 1925, segundo o demógrafo Jacob Letschinsky, a Argentina foi o terceiro país a mais receber imigrantes judeus, quase 40 mil pessoas ante 280 mil para os Estados Unidos, 61 mil para a Palestina e 7.100 mil para o Brasil. No período 1926-1930, o Brasil receberia 22.200 mil judeus, os EUA, 55 mil, e a Argentina, 33.700 mil.

No Brasil, ocorreu a formação mais ou menos simultânea de comunidades judaicas em nada menos do que dez capitais do país a partir dos anos 1910, consolidadas na década de 20: Porto Alegre e Curitiba na região Sul, Rio de Janeiro, São Paulo e Belo Horizonte no Sudeste, Manaus e Belém no Norte, e Recife, Natal e Salvador no Nordeste, sendo que as comunidades de Belém e do Rio de Janeiro foram formadas no século XIX.

Imigração, urbanização e comunidade estavam diretamente associados na imigração judaica ao país. Em sua busca pelo encontro dos irmãos na América, Chaim percorre o Brasil rumo ao Norte e Nordeste, e passa por pelo menos cinco das capitais nas quais existiam comunidades: Rio de Janeiro, onde chegou, depois Recife, Belém, Manaus e Natal —, além de Campina Grande, João Pessoa e Olinda.

A acelerada urbanização, em especial nas capitais e nas grandes cidades, propiciou oportunidades de trabalho e de negócios, de inserção e de ascensão social. Esse processo foi acentuado para um grupo de imigrantes urbanos, o que vale para os judeus da Europa Oriental, da Europa Central e do Oriente Médio, com experiências em trabalhos urbanos, funções ligadas ao comércio e ofícios diversos. Ao chegar às grandes cidades do país, mesmo os que não tinham uma profissão, um ofício definido, como Chaim, encontraram sustento, trabalho e oportunidades de pequenos negócios, ainda que, como mostra Chaim, muitos trabalhos remuneravam com *cama e comida* apenas.

A INSERÇÃO SOCIAL E ECONÔMICA

A inserção não foi fácil, como estas memórias mostram extensamente e de forma autêntica. Nem foi feita a partir de uma linha reta, rumo ao sucesso. Foi um caminho cheio de percalços, situações de indevida exploração, pequenos sucessos, pequenos fracassos, sucessos maiores, fracassos maiores, mas ao mesmo tempo cheio de possibilidades de sustento e de oportunidades e brechas de inserção econômica.

A chegada dos imigrantes às grandes cidades, onde formaram comunidades, também se beneficiou de um ambiente mais aberto e tolerante, que facilitou a inserção e a aceitação dos recém-chegados — mesmo convivendo com uma multiplicidade de estereótipos positivos e negativos, mas não de um antissemitismo que significasse segregação e racismo aberto com barreiras à inserção e ascensão (como havia, de vários tipos, na vida judaica na Europa Oriental). Por isso, nas memórias autobiográficas de Chaim este tema é praticamente ausente, não mereceu registro nenhuma forma de discriminação, nem mesmo o de algum eventual estereótipo ou preconceito verbalizado.

A formação de comunidades judaicas com sua sólida vida institucional deu o entorno e a segurança basilar, em uma sociedade inteiramente carente da presença do Estado em educação, saúde e assistência social. As entidades judaicas em cada capital proviam recepção aos imigrantes atendimento em saúde, escola, apoio assistencial para homens e mulheres, lar de crianças, cooperativa de crédito, também organizações e atividades culturais, políticas, sociais, esportivas e recreativas, além de grupos de jovens e de mulheres e também cemitério e sepultamento. Assim, além de contorno para preservar a identidade grupal, foram uma poderosa alavanca social que permitiu a inserção e ascensão de parcelas expressivas do grupo.

No texto de Chaim, encontramos diversas menções às instituições de apoio aos recém-chegados, na Argentina e no Brasil, como a Casa dos Imigrantes, a cozinha e cantina comunitária, a imprensa iídiche com seus anúncios de emprego, a cooperativa, a escola, mas também as pensões e uma rede informal de recepção, amparo e depois mecanismos de inserção econômica, ainda que muitas vezes com propostas de trabalho indignas, como conta o autor.

A VIDA COMUNITÁRIA

Em cada cidade na qual chegava, Chaim procurava seus conterrâneos, ouvia conselhos, se associava e empreendia seus negócios. Ao chegar à capital uruguaia: "Desembarquei em Montevidéu pela manhã, e no porto perguntei onde moravam os judeus da cidade. Disseram-me que não muito longe do cais havia um salão de barbearia, cujo dono era judeu." No dia seguinte após chegar ao Rio de Janeiro, escreve: "Andei e, de repente, em plena Praça Onze, encontrei muitos judeus. Perguntei onde poderia achar um quarto para morar, e me mostraram uma pensão onde uma senhora viúva alugava quartos e fornecia refeições."

O mesmo se deu em Recife, onde Chaim comparecia diariamente à Praça Maciel Pinheiro, centro da vida comunitária. Chama a atenção a mobilidade geográfica, para além da iniciativa pessoal de Chaim, que rumava para o norte, os Estados Unidos. A estrutura comunitária propiciava e acolhia estes deslocamentos, que fortaleciam a formação de redes de sociabilidade, economia, relacionamentos e casamentos, como de fato ocorreu com Chaim ao ser apresentado a uma moça e casar-se.

Tanto os processos de urbanização que proporcionaram oportunidades de trabalho e de inserção, em ambientes mais abertos, como o da estrutura comunitária, cujas instituições promoveram o patamar básico das necessidades cotidianas, nada têm de naturais: são mecanismos complexos que o texto de Chaim permite entender com precisão.

UM ANTI-HERÓI

A narrativa de Chaim é o relato da vida real dos encontros e desencontros, sucessos e fracassos, ganhos e perdas, solidariedades, generosidades, explorações indevidas, trapaças de sócios e assim por diante. Um dos traços que torna essa narrativa tão singular é a espontaneidade de um imigrante que não se envergonha de contar seus fracassos.

E isso acaba contrastando com o gênero de escrita de memórias, depoimentos e autobiografias, que transforma a vida dos imigrantes em uma saga individual e liberal de vencedores. Às vezes até não enxergam com clareza a rede informal das instituições de acolhimento e oportunidades que propiciaram sua inserção e eventual ascensão social.

Como Chaim mostra em diversas passagens, o trabalho de mascate, e depois no comércio e como lojista e importador, exigia sutis percepções sobre as tramas urbanas e complexos aprendizados específicos. E também uma rede de apoio para o crédito, mercadorias iniciais e as dicas sobre onde mascatear, o que vender, como vender, como cobrar e assim por diante.

O mascate, emblema do trabalho dos imigrantes, não era uma figura pitoresca e transitória no processo imigratório. Era o meio efetivo de inserção econômica e social dos recém-chegados, e muitos ficaram anos e décadas no ofício. Uma experiência comum a imigrantes portugueses, sírios, libaneses, judeus e outros, que transmitiam seus saberes e práticas aos recém-chegados.

Depois de diversas iniciativas, Chaim empreende diversos negócios, entre eles um autêntico e pioneiro *delivery*, por meio do qual vai à casa das pessoas e anota pedidos para entregar de carroça no dia seguinte. Perceber, conceber e implementar negócios assim não é trivial, mas uma soma de aprendizados e percepções do emaranhado da vida urbana. Foi também leitor de realejo, ofício que possibilitava transitar na informalidade e com a mobilidade que a situação requeria. E depois, já estabelecido, no comércio e na importação de mercadorias, como automóveis nos anos 1940.

No Recife, já casado, ao estabilizar-se economicamente, "Tornei-me uma pessoa importante, proprietário, e podia mandar os meus filhos para estudarem em uma escola judaica", escreveu ele. Por entender perfeitamente a importância dessas instituições e rede de apoio em sua própria trajetória, podemos entender o orgulho com o qual Chaim conta de sua própria participação, como tesoureiro em uma escola judaica em Recife durante a Segunda

Guerra Mundial. Nesse período pôde contribuir, orgulhoso, com a comunidade. Aliás, Chaim cita nominalmente os professores de língua iídiche na escola do Recife, sinal da importância que ele dava à passagem geracional da língua e da cultura dos judeus da Europa Oriental.

As memórias de Chaim perpassam ainda temas importantes da história da imigração judaica e da história do Brasil, como a passagem por Moisés Ville, colônia agrícola fundada pela Jewish Colonization Association na Argentina; a atuação do teatro iídiche, quando vivia na Argentina, incluindo a participação na encenação da peça *Ibergus*, baseada na história das polacas no Brasil; e a Segunda Guerra Mundial, quando estava no Recife e conviveu com os soldados das Forças Armadas dos EUA, e participou da campanha de doação de aviões à recém-criada Força Aérea Brasileira.

Os encontros com os irmãos nos EUA, após tantos anos de separação, são comoventes, bem como a posterior mudança para São Paulo, os empreendimentos na capital paulista, como um cinema no Bom Retiro, negócios no ramo têxtil.

Este texto é inserido em uma linha de valorização da memória, que permite uma diversa e produtiva riqueza de leituras. No caso da imigração judaica, alguns dos memorialistas se tornaram clássicos, como Samuel Malamud e seu *Recordando a Praça Onze* — a praça onde Chaim esteve, ao chegar ao Rio de Janeiro. Mas tem também uma linda história familiar, de passar a história às próximas gerações. E a decisão por sua publicação, praticamente cem anos após a emigração de Chaim, gera ainda novos sentidos familiares e afetivos a partir do estatuto público que ele ganha.

Ayllon

1. **א** *Vilna: cidade dos outros*
   Laimonas Briedis
2. **ב** *Acontecimentos na irrealidade imediata*
   Max Blecher
3. **ג** *Yitzhak Rabin: uma biografia*
   Itamar Rabinovich
4. **ד** *Israel e Palestina: um ativista em busca da paz*
   Gershon Baskin

Hors-série

1. *Cabalat shabat: poemas rituais*
   Fabiana Gampel Grinberg
2. *Fragmentos de um diário encontrado*
   Mihail Sebastian
3. *Em busca de meus irmãos na América*
   Chaim Novodvorsky

Adverte-se aos curiosos que se imprimiu este livro na gráfica Meta Brasil, em 31 de janeiro de 2022 em papel pólen soft, em tipologia Minion Pro e Formular, com diversos sofwares livres, entre eles, LualATEXe git.
(v. 4a7eadf)